TAL CUAL ES...

El camino de José Mujica a la Presidencia

TAL CUAL ES...

El camino de José Mujica a la Presidencia

Kintto Lucas

A San Cono...
A los que no vivieron para contarlo...

ÍNDICE

PRÓLOGO

Fander Falconí*

Pepe Mujica y el triunfo de la política

Tal cual es... -El camino de José Mujica a la Presidencia- es una colección de veinte artículos escritos por Kintto Lucas entre 2004 y 2009. Este recorrido por la política uruguaya permite visualizar las similitudes, los riesgos y los desafíos de los procesos políticos progresistas de América Latina.

En su lucha contra la oprobiosa dictadura militar uruguaya (y contra sus amigos civiles, como se recuerda en "El camino de la izquierda hacia el gobierno"), los tupamaros aprendieron a entender la política y el sentido de la palabra unidad. Su disciplina táctica y capacidad operativa inspiraron a Costa Gavras (Estado de Sitio, 1973). Sin embargo, en términos militares fueron derrotados. Antes de salir de la cárcel, el histórico líder tupamaro Raúl Séndic propuso, desde el calabozo que ocupaba, conformar un amplio frente político-social más allá del Frente Amplio, una amalgama de fuerzas de izquierda y social demócratas, que había sido fundado antes de la dictadura.

Al finalizar la década de los ochenta, en 1989, el Frente Amplio, obtuvo la alcaldía de Montevideo con el médico y humanista Tabaré Vázquez. Esto le abrió puertas a la presidencia, en una alianza Frente Amplio-Encuentro Progresista, en las elecciones presidenciales de 2004. Vázquez hizo un buen gobierno y José Mujica, histórico líder tupamaro, ganó la presidencia uruguaya el 29 de noviembre del 2009 en elecciones democráticas.

---

*Ex Canciller del Ecuador. Actual Secretario Nacional de Planificación

Así, la derrota militar fue convertida en un triunfo de la política. Hubo condiciones objetivas para el triunfo de la izquierda. Hubo organización y líderes, entre los que sobresale el carismático Pepe Mujica cabeza de un proyecto que lo necesita tal cual, con su sabiduría pragmática y campesina.

En la última década el mapa político del continente latinoamericano cambió en forma radical. La izquierda latinoamericana -con sus diferentes variantes- llegó al gobierno mediante triunfos electorales, para impulsar políticas públicas calificadas como posneoliberales. Las acciones políticas de la izquierda enfatizan en la equidad, imprescindible en la región más desigual del planeta. El proceso uruguayo evidencia la bondad de este énfasis: compromiso con los derechos humanos, prioridad de la inversión en educación y salud, fortalecimiento de la producción nacional.

En el ámbito subregional, las victorias electorales de la izquierda latinoamericana han abierto nuevas opciones de integración que, en algunos casos, cuestionan la perspectiva unidireccional de la globalización basada en flujos de bienes, servicios y capitales, pero no de personas. Un proyecto subregional propio en materia económica y financiera, a partir de la interpelación a las instituciones fallidas de Bretton Woods, se erige sobre una arquitectura financiera regional con varios pilares: el Banco del Sur (ratificado por los parlamentos de Argentina, Bolivia, Ecuador, Venezuela y Uruguay), el Fondo Único de Reservas y el Sistema Único de Compensación Regional (SUCRE).

Estos importantes cambios en el escenario político latinoamericano aún no se han traducido en una inserción distinta en la globalización, en un contexto de crisis del capitalismo. La crisis iniciada en 2008 no es sólo financiera. En realidad se trata de varias crisis, mutantes y agresivas. Al desplome de los mercados financieros del Norte, y en especial de los Estados Unidos, le siguió la caída global de la demanda. Esto en medio de inéditas restricciones energéticas y alimentarias, que tienen como telón de fondo el cambio climático y la pérdida de biodiversidad, debido a las altas tasas de deforestación.

En este entorno, la geopolítica global atraviesa un acelerado proceso de cambio, en el que se esbozan como factores claves la ralentización del liderazgo estadounidense en lo político, económico y cultural; la crisis económica de la Unión Europea, que tiene a varios países (Grecia a la cabeza de ellos) al borde de la quiebra y a otros bajo el rígido monitoreo (ajustes estructurales neoliberales, reducción del gasto y consumo público) del FMI: Portugal, Irlanda, España, Italia; la emergente importancia global de China e India y el dinamismo de los países BRICS (Brasil, Rusia, India, China y Sudáfrica). Al mismo tiempo los flujos comerciales internacionales, las relaciones –políticas y militares– entre países y regiones, y la concepción misma de la integración regional, también están cambiando.

En Uruguay, al igual que en el resto de países de la región, prevalece una inserción en los mercados internacionales basada en la exportación de productos primarios: carne de ganado vacuno, soya y arroz representan 33 por ciento de la oferta total exportable[1]. A los impactos ambientales y conflictos sociales provocados por esta forma de inserción en el comercio internacional, se suman los causados por la instalación de las plantas de celulosa.

Este es el momento de plantear retos de alcance suficiente como para reformular el usual paradigma de desarrollo (crecer en términos económicos y, en el mejor de los casos, con distribución). La urgencia de generar estrategias adecuadas de transición productiva, que consideren un nuevo sujeto social responsable de sus acciones y relaciones con la Naturaleza, es tanto o más necesario que la nueva visión de la sustentabilidad.

Para relegar a la subregión latinoamericana a la calidad de proveedora de materias primas y alimentos, la globalización del capital y el neoliberalismo se han valido de las falacias del libre comercio, institucionalizado como Tratados de Libre Comercio (TLC). Los TLC generan contradicciones en los procesos pro-

---

1   Comisión Económica para América Latina y el Caribe, CEPAL (2010), Anuario Estadístico 2010. Santiago de Chile. Disponible en: websie.eclac.cl/anuario_estadístico/ anuario_2010

gresistas latinoamericanos, como en forma acertada puntualiza Lucas, en otro ensayo escrito en Montevideo el 16 de enero de 2008. No es de extrañar, entonces, que luego de obtener la nacionalidad ecuatoriana y desde su función de vicecanciller, haya calificado a los TLC como una forma de neocolonialismo, a propósito de la reanudación de las negociaciones comerciales entre Ecuador y la Unión Europea. Los TLC son mucho más que tratados de comercio: implican sumisiones geopolíticas y disciplinas sociales que solo competen a cada país de manera soberana, no a una potencia extranjera y menos a un orden internacional, administrado por la Organización Mundial de Comercio y organizado en torno a la omnipotencia del mercado, que pregonó el fin de la historia.

Los procesos políticos como el uruguayo, articulados al tejido social, con un discurso diferenciador con respecto al poder económico nacional e internacional han triunfado mediante los mecanismos de la democracia. Pero no se puede perder de vista que los sectores desleales a la democracia siguen siendo un riesgo. Ahí están el golpe de Estado en Honduras (28 de junio de 2009) y la intentona de golpe de Estado en Ecuador (30 de septiembre de 2010). Son una advertencia de los riesgos del futuro y también de la necesidad de recuperar la memoria histórica de los procesos. Para unos, parece lo pertinente el sistema español o guatemalteco, amnistiando a los represores; para otros, lo deseable es el sistema argentino. En todo caso, la impunidad es el mejor incentivo para el delincuente, sea este común o político.

Al presente, el apoyo popular, la equidad, la acumulación propia, el compromiso irrestricto con el medio ambiente y sus culturas y una verdadera integración latinoamericana (menos retórica y más proyectos sustentables), son medulares para las reales perspectivas de continuidad de cada uno de los procesos progresistas en América Latina. Kintto Lucas nos recuerda que "los hombres libres pueden tener visiones políticas encontradas, convicciones religiosas disímiles, pero siempre respetan la mirada de los otros. El camino hacia la libertad, la igualdad y la fraternidad se construye con tolerancia y ética".

INTRODUCCIÓN

Samuel Blixen*

Mirada con doble enfoque

Esta recopilación de artículos de Kintto Lucas tiene una primera característica a flor de piel: la indisimulada, explícita admiración por el presidente uruguayo José Mujica.

Pero esa admiración no es superficial; es producto de una identidad política, de principios compartidos, de compromisos históricos. Todo lo cual hace que los contenidos de estos textos se ubiquen en las antípodas de una devaluada "objetividad" periodística y adquieran, por el contrario, una confrontación ética con la verdad, que valoriza más aún aquella admiración y la vuelve, además, sustanciosa, en la medida que lo admirado deviene en parte primordial de un proceso histórico, nacional y latinoamericano, es decir, el protagonismo de las izquierdas, no como un accidente sino como algo que vino para quedarse.

Si me oyera a mí mismo, cuarenta años atrás, decir que el protagonismo de un dirigente es parte sustancial de un proceso, me acusaría a mi mismo de culto a la personalidad. Pero con el paso del tiempo no sólo quedaron de lado algunos esquematismos y ciertas intransigencias (no todas), sino que los triunfos y las derrotas y los triunfos (esa espiral de la historia que corta el regocijo con un golpe en la nuca y te quita el aliento hasta el próximo regocijo) te vuelven más cauto y más abierto.

Y no sólo porque lo plantea de una forma vehemente hay que coincidir con Kintto en que buena parte de la construcción del

---

* Periodista uruguayo de reconocida trayectoria. Preso político de la Dictadura. Integrante del Movimiento de Liberación Nacional – Tupamaros

cambio que se verifica en Uruguay es producto de la experiencia, la habilidad, la transparencia, la honestidad y la sinceridad del Viejo Pepe, de su capacidad para comunicarse con el de abajo. No es un gran mérito, porque él es un igual; el mérito radica en seducir, con las complicidades de los iguales, a los trabajadores, a los desplazados del campo, a los desocupados, pero también a los universitarios y a los profesionales, para la causa del cambio. ¿Cuánto de la acumulación de fuerzas en los últimos diez años debe atribuirse a la coalición progresista, al partido y su programa, y cuánto a la impronta personal del Pepe para sembrar lo que cosecharía el partido? De alguna manera Kintto plantea la ecuación cuando afirma que "la izquierda uruguaya ha sido siempre tan montevideana que se olvidó del interior, le cuesta embarrarse. Le teme al barro"; y, por oposición, que el Pepe "es la irrupción del 'otro' en la política uruguaya", abriendo para el Frente Amplio las puertas del interior profundo, en un plano, y de los sectores más honestos de los partidos tradicionales. Sin embargo, también pone énfasis en la necesidad de la organización para consolidar cualquier proceso de cambios.

Esa quizás desmesurada impronta individual puede llegar a ser el talón de Aquiles si, como parece, una vez que le dijo adiós a la barra (al MPP, al MLN y al círculo más estrecho de viejos tupamaros) el Pepe se muestra en ocasiones demasiado solo para enfrentar los desafíos de una presidencia varias veces negociada, en la contienda por la postulación, en la elección del candidato y en la formación del gabinete.

Las crónicas de Kintto dan testimonio de todo ese proceso de negociación en una coalición que "tiene diversas miradas, algunas volcadas más hacia la derecha, otras ubicadas más al centro", en un permanente forcejeo "entre quienes quieren ir más allá de estos pequeños grandes logros y quienes se aferran a no profundizar los cambios".

En la carta que dirigió al "querido compañero Viejo Pepe", tras el triunfo en la segunda vuelta de noviembre de 2009, Kintto reflexionaba sobre aquellos que van demasiado rápido y los que se quedan atrás. Escribía: "Hay un momento para iniciar los cambios y otro para profundizarlos. La profundización de esos cambios se debe hacer en el momento adecuado, ni antes ni después. El momento en que la gente acompaña construyendo su futuro, creando y recreando el sueño individual y colectivo".

Al cumplirse dos años de la elección del Pepe, la cuestión de la profundización de los cambios sigue siendo el aspecto más relevante a encarar. Y no por casualidad, al analizar la interna del Frente Amplio y la correlación de fuerzas, Kintto hace una referencia explícita a la realidad ecuatoriana, para asentar la hipótesis de que los procesos progresistas en el continente expresan "gobiernos en disputa", coaliciones o alianzas donde conviven vectores que tuercen hacia la derecha y otros que empujan hacia la izquierda.

En la presidencia del Pepe el gobierno en disputa sigue postergando la profundización de los cambios; y la postergación, paradójicamente, se alimenta de los éxitos de la macroeconomía (crecimiento sostenido del PBI, inflación controlada, un déficit fiscal "sensato", reducción de la desocupación, aumento de las exportaciones, record histórico de las inversiones extranjeras directas) que enmascaran la gran contradicción social, que deriva del hecho de que en los últimos 10 años aumentó sustancialmente la desigual e injusta distribución de la riqueza. A tal punto está comprometida la profundización, que cuando el Pepe eleva al Parlamento un proyecto de ley que crea un impuesto para combatir la concentración de la propiedad rural (hay empresas trasnacionales que acumulan más de 200.000 hectáreas cada una) la principal oposición surge de su vicepresidente, Danilo Astori; y algo similar había ocurrido cuando el Pepe propuso eliminar el secreto bancario para que Uruguay dejara de ser un paraíso fiscal.

Llegará un momento en que esas contradicciones deberán ser resueltas. Y entonces aparecerá el Pepe que dibuja Kintto, el que ofrece a sus lectores como suma de aproximaciones en el tiempo: un continuador de Raúl Sendic, el legendario tupamaro. Eduardo Galeano afirmó –y no por distracción- que Raúl Sendic era el hermano más hermano que había conocido de Artigas. Y si uno coincide con Kintto en que el Pepe expresa cualidades que abrevan en Don José Batlle y en Aparicio Saravia (es responsabilidad de Kintto explicar a sus lectores ecuatorianos y latinoamericanos quiénes eran Batlle y Aparicio) entonces uno puede imaginar qué clase de complementación hubieran forjado el Pepe Mujica y el Bebe Sendic.

Kintto Lucas tiene una envidiable mirada de doble enfoque, un lente que puede mirar lo más micro de la cocina política (la sal que le falta al guiso o la leche que se derrama) y a la vez hacer un zoom que alcanza a colocar a este pequeño país que es Uruguay en el borde de un gran esquema continental, ¿Por qué? Por su doble condición de uruguayo y ecuatoriano. Una doble nacionalidad indistintamente apasionada y comprometida.

Leyendo estos artículos queda bastante explicita una intención del autor que subyace a la admiración por el personaje: el ejemplo particular que deviene en generalización para los procesos políticos que en América Latina –por una conjunción astral, por un descuido imperialista o por la determinación irresistible de los pueblos- coinciden en un plano histórico y hacen posible un mapa progresista que, como en ningún otro momento de la historia por la liberación nacional, apunta a permanecer y consolidarse en medio de pujos, matices y contradicciones.

Así se advierte en las referencias a las reacciones de la derecha, el comportamiento de los medios masivos de comunicación o el espejismo de los éxitos economicistas, que Kintto subraya en el caso uruguayo, pero pensando en los procesos similares que enfrentan emboscadas parecidas.

No lo dice Kintto, pero podría haberlo dicho, porque se cae inevitablemente como conclusión de su texto: las cualidades del Pepe Mujica que en Uruguay lo hacen intérprete del "otro", lo facultan para asumir el mismo rol en el escenario de la patria grande.

Uno

Entre el marketing y el desprecio al barro

Montevideo, 23 de octubre de 2004

Las elecciones son un instante de la vida de un país en las que se pueden definir futuros, perspectivas, posibilidades de cambio o no, esperanzas. Las elecciones representan simbólicamente para muchos y muchas la posibilidad de subirse a un barco que los lleve a buen puerto. Después, por diversos factores de poder, la realidad no siempre es como se espera.

En lo que respecta solamente a las consecuencias de una elección, puede ocurrir que muchas veces parte de la gente no tenga la posibilidad de pensar su voto y se mueva por emociones del momento, o golpes de efecto que se producen en el correr de una campaña. Y cuando esos golpes de efecto se dan poco días antes de una elección, pueden decidir el corrimiento de parte del electorado hacia un determinado sector, y por lo tanto el futuro imaginado por algunos se modifica en el presente, porque se afecta las correlaciones de fuerzas entre partidos y dentro de los partidos.

Con su ataque al dirigente tupamaro José Mujica y al Movimiento de Participación Popular (MPP), y su falta de ética al iniciar una campaña sucia contra ese sector, el ex presidente Julio María Sanguinetti, busca reposicionar su grupo, el Foro Batllista, dentro del Partido Colorado; reposicionar en parte a su partido en el panorama general para mejorar la correlación de fuerzas ante cualquier eventualidad de negociación electoral en caso de

una segunda vuelta; provocar un temor en la votación blanda del
Frente Amplio (o sea la votación que todavía no está totalmente
segura de votar al FA pero que si no pasa nada extraordinario
terminaría votando por la coalición) para que cambie su voto a
favor del Partido Nacional único partido de derecha con posibilidad de ir al balotaje; y de yapa provocar un corrimiento del
electorado blando del Movimiento de Participación Popular hacia otros sectores del Frente para cambiar en algo la correlación
de fuerzas interna dentro de la izquierda.

Algunos se preguntarán por qué, y la respuesta es bastante
simple: teniendo en cuenta que en el futuro, como ínfima minoría que son el Foro Batllista y el Partido Colorado, tendrán que
negociar con el Frente, es mejor negociar con un FA con cierto
equilibrio interno de fuerzas en el que supuestamente sería más
fácil provocar divergencias, que con un FA con un sector fuerte
y más coherente ante cualquier negociación. Eso debe estar pensando Sanguinetti ahora, y sus asesores de marketing le deben
haber aconsejado que la mejor forma de moverse era atacando a
Mujica.

Los medios de comunicación que saben la movida sangui-
nettista y que no son neutrales ni independientes ni ingenuos
se encargaron de darle manija a la propuesta de enfrentamiento
surgida desde el ex mandatario y sus asesores de marketing electoral.

El líder del MPP, José Mujica, por su parte, como no podía ser
de otra manera en alguien que se siente herido por calumnias,
reaccionó. No con la violencia de Sanguinetti porque Mujica ha
demostrado ser una persona centrada y seria dentro de la política uruguaya, pero reaccionó. No se transformó en un farsante
que no tiene emociones como le hubiesen aconsejado 'marketi-
neros' que conocen el oficio.

Aunque esa reacción no significa que Mujica haya dejado de
ser una persona de propuestas y con la cordura necesaria para
llevarlas adelante, liderando un sector muy importante dentro
de la vida política nacional, su reacción puede ser tomada por
electores que integran la votación blanda del MPP como un "exa-

brupto" y por lo tanto llevarlos a cambiar su voto por otro sector frentista. Aunque con el correr del tiempo, esos electores que cambian de sector se puedan llegar a dar cuenta, por la actuación de Mujica, que éste sigue siendo un político tranquilo, ético y que cumple con su palabra, e inclusive se lamenten al no darle su voto, en la elección ya están modificando en parte el futuro.

Quienes conocen los fenómenos mediáticos y electorales en algunos países no se sorprenderían con la actitud de Sanguinetti, porque era la única que podía causar un golpe de efecto.

Hasta hace algunos meses los dirigentes de los partidos tradicionales rehuían atacar a Mujica y al MPP porque creían, o les aconsejaron, que era contraproducente, pero esa actitud no paró el crecimiento emepepista ni frenteamplista y sólo un golpe de efecto, con una actitud agresiva podría modificar en algo el mapa electoral que plantean las encuestas. Ese golpe de efecto sólo lo podía llevar adelante una figura nacional que no es el candidato directo de su partido, como Sanguinetti. Si hubiese sido el legislador Washington Abdala, por ejemplo, el golpe era insignificante e intrascendente. Tampoco llama la atención, la reacción de sectores frentistas que intentan ser más "moderados" que Mujica para captar los votos blandos del MPP y así modificar la posible correlación de fuerzas internas que surja de la elección.

En el mundo de las campañas electorales nadie es santo ni neutral y, para moverse, hay que tener en cuenta esa realidad. Está en la tapa del libro. Pero en todo caso, aunque algunos políticos uruguayos se esfuercen en parecer a los europeos, por momentos no dejan de ser aldeanos tornando ridícula a la propia política. Ridícula si pensamos en que una salida de Sanguinetti, un personaje insignificante electoralmente, pueda mover los votos, ya no dentro de su partido sino dentro de los otros, e incluso dentro del propio FA.

Hasta hace poco, diversos sectores, incluidos algunos de izquierda, justificaban el respaldo electoral emepepista con el 'Fenómeno Pepe Mujica', y algunos hasta soñaban con derribarlo. Todos ponían énfasis en que se trataba de un fenómeno mediático intentando vaciarlo de contenido, sin decir que todo fenómeno mediático antes tiene un contenido, positivo o negativo, pero tiene un contenido. Antes que el 'Fenómeno Pepe Mujica' a nivel de medios, estuvo una actuación acorde con determinados principios, pero sobre todo con uno fundamental: la recuperación del interior como sector humano y zona geográfica que hace vivir al país, la recuperación del hombre y la mujer del interior como factor de construcción de un país integrado antes de la inserción del país en un mundo globalizado, y la recuperación del interior como factor importantísimo en la construcción de un país productivo que genere los empleos que faltan y pueda competir internacionalmente.

En los días posteriores a las elecciones internas del Frente Amplio, caminado por la prensa uruguaya a través del internet me encontré análisis muy divertidos que intentan justificar la victoria del Movimiento de Participación Popular (cuya principal fuerza es el Movimiento de Liberación Nacional-Tupamaros) y la consolidación de la imagen del dirigente tupamaro José Pepe Mujica, en un supuesto "fenómeno mediático" provocado por éste.

Para un uruguayo que vive fuera de Uruguay pero en América Latina, la política de su país resulta divertida.

En la política uruguaya hay una incapacidad casi endémica para ver más allá de la nariz, para analizar un resultado tomando cierta distancia. Hay una miopía de solo saber justificar la incapacidad propia con las virtudes ajenas. A quienes solo justifican el respaldo electoral emepepista con el "fenómeno Pepe" se les podría decir que si suman la votación del MPP, del 26 de Marzo y de la Corriente de Izquierda podrían deducir que hay otro misterio para estudiar en sus sesudos análisis: el triunfo de un "fenómeno tupa" de la política, que podría estar representado en esas tres vertientes. Si las sumáramos creo que supera el 35 por ciento de los votos. Sin embargo, ese sería un análisis tan simplista como el del "fenómeno Pepe".

La izquierda uruguaya ha sido siempre tan montevideana que se olvidó del interior, le cuesta embarrarse. Le teme al barro. Y tal vez cuando llegue al interior, ya no esté poblado. Es tan intelectual, tan linda nuestra izquierda, que todo lo analiza siempre desde la fenomenología, ahora desde la politología, esa especie de patología de la postmodernidad como ya dije alguna vez. Es estudiosa de los fenómenos, incluido el fenómeno OVNI. A todo le encuentra una explicación savia, seria, pero siempre esa explicación está en la casa ajena. Nunca mira su casa. El "fenómeno Pepe", como el "fenómeno Bebe" en circunstancias históricas distintas, supo ver la cuestión crucial del olvido "interiorano", que es como decir el olvido del otro, y no solo lo vio en el discurso sino en la acción.

Hace muchos años, allá por 1991, escribí un artículo sobre el acto del Primero de Mayo de aquel año que se realizó en Salto (500 kilómetros al noroeste de Montevideo) en el que se lanzó la propuesta de recolectar firmas para llamar a plebiscito sobre la ley de privatizaciones, aunque muchos sectores políticos de izquierda dudaban. Destacaba en aquel artículo la participación activa de los más de 1500 participantes y terminé diciendo que tal vez algún día no muy lejano se podría decir que 'así empezaron las cosas'. Más de un año después, cuando ya vivía en Ecuador, la ley de privatizaciones era derogada por el veredicto popular a través de un referéndum al que se sumaron en la recta final casi todos los partidos del país. Luego de la derogación nadie o pocos habrán recordado aquel acto de Salto, aunque así empezaran las cosas. Durante años recorrí el interior del país haciendo artículos sobre su realidad y su gente y en cada viaje me quedaba claro que pocos en la izquierda veían hacia el interior. Uno de esos poquitos era Mujica.

Antes del 'Fenómeno Pepe Mujica', éste supo ver la cuestión crucial del olvido 'interiorano', que es como decir el olvido del 'otro', el 'distinto', ese al cual aquellos que hegemonizan la construcción cultural dejan de lado sistemáticamente en el camino de los años.

En Ecuador la irrupción de los pueblos indígenas en la vida social y política del país, significó la irrupción del 'otro', del diferente, que asumió su lugar en la historia. La realidad plural del país se manifestó cuando el indígena surgió como actor importante en la vida sociopolítica. Entonces se asumió que el 'otro' existe y que tiene sus diferencias y sus derechos, y hay que respetarlos para construir un país más integrado. Esa manifestación tiene una imagen étnica muy marcada por las características propias de Ecuador y del mundo andino.

En Uruguay, donde los indígenas fueron exterminados por el fundador del partido de Sanguinetti, el 'otro' tiene una imagen 'interiorana' con todo lo que eso representa. Cuando José Mujica irrumpe en el Parlamento uruguayo es el 'otro' que comienza a tomarse un recinto reservado casi exclusivamente a los que tomaban whisky importado. Es la irrupción del 'otro' en la política uruguaya. Pero ese 'otro' tiene una particularidad, además de su ascendencia interiorana, tiene una formación intelectual que le permite moverse en cualquier ámbito y crecer en cualquier lugar.

En esta campaña electoral de Uruguay se ve una irrupción de los pueblos del interior que comienzan a dejar de consumir política para pasar a construirla, es la irrupción definitiva del 'otro' como protagonista de la vida sociopolítica uruguaya. Sin duda, uno de los que más ha contribuido para que eso ocurra es el senador del MPP. La figura de José Mujica creció porque él supo entender al 'otro', y lo entendió porque supo ser parte de él. Sin ideologizar de más, con teoría y con práctica, y con una gran dosis de sentido común. Comprendiendo que a la realidad hay que cambiarla desde la vida cotidiana, porque es ahí donde se empiezan a modificar las relaciones de poder, donde se empieza a construir un imaginario diferente, que a su vez ayude a construir una sociedad diferente. Con propuestas antes que ataques. El discurso que pone en el centro del análisis al "fenómeno Mujica" encierra un desprecio al otro.

La izquierda uruguaya unificada en el Frente Amplio abarca a varios sectores, pero está tan encerrada en su discurso montevideano y europeizado que no es parte de ese otro aunque intente serlo. Entonces lo desprecia utilizando eufemismos y recurriendo a la fenomenología. En Ecuador alguna izquierda tradicional, que ya tiene poca o nula representatividad, y la derecha, que representa a unas pocas familias, acostumbran a decir que los indios despiertan lástima por eso tienen repercusión en la sociedad. Los analistas de la izquierda uruguaya, que tampoco han demostrado ser muy creativos, cuando hablan del fenómeno Pepe encierran un pensamiento similar al de los ecuatorianos. Todavía se deben estar preguntando "cómo es posible que un tipo mal vestido, que llega en moto al Congreso y cultiva flores, tenga tanta llegada en la gente". No saben mirarse a sí mismos. Ahí está el desprecio al otro, que es como el desprecio al barro. Aunque el barro sea el mejor material para construir.

Cuando leí a tantos/as justificar incapacidades propias con un supuesto fenómeno mediático, recordé un programa cómico que tenía Eduardo D'Angelo, basado en personajes de Wimpi, en el que uno de los personajes ante cada hecho inexplicable exclamaba: ¡qué fenómeno! Ese personaje es la mejor imagen de los/as sorprendidos/as políticos y politólogos uruguayos de hoy.

Dos

El camino de la izquierda hacia el gobierno

Quito, 10 de enero de 2005

El domingo 31 de octubre del año pasado, mientras escuchaba los resultados definitivos de las elecciones presidenciales de Uruguay, junto a dirigentes políticos uruguayos y de otros países, de pronto, y al ver las cifras que ubicaban como triunfadora a la izquierda unificada en el Frente Amplio-Encuentro Progresista, surigieron en mí un montón de recuerdos. Es difícil recordar cuando a uno le invade la emoción de la historia, y las caras de tantos y tantas que quedaron por el camino. ¿Cómo lograr que la memoria no se tiña de gris? ¿Cómo hacer que esa alegría de los números electorales no se diluya en la mirada hacia el pasado? ¿Cómo olvidar el pasado? ¿Cómo proyectar el futuro?

Sin embargo, y a medida que transcurrían los minutos, me fui dando cuenta que era imposible separarlos, que las imágenes de este triunfo eran parte de las otras y las otras de éstas, y éstas y las otras de las que vendrán.

Alguien dijo por ahí que para estar alegre es menester haber estado herido, no sé pero sí sé que para llegar a esta realidad de hoy, la izquierda uruguaya sufrió la persecución, la muerte, el exilio, la cárcel. Los militares y sus amigos civiles, que asaltaron el poder en 1973, creyeron que la muerte podría desaparecer a la izquierda uruguaya y, lo que es peor, que el miedo podía sacarla del pensamiento de la juventud que iba naciendo a la vida política. Ni una ni otra. También pensaron que la tortura sistemática a los nueve rehenes de la dictadura durante doce años, podría destruir sus decires y pensares. Se equivocaron.

Cuando Raúl Sendic, uno de los rehenes, salió de la cárcel; su pensamiento apostó a la conformación de un Frente Grande que fuera más allá del Frente Amplio e incluyera a todos los sectores sociales y políticos progresistas del país. «Frente Grande una respuesta del pueblo»: las paredes de Montevideo tapizadas con esa frase no me dejan mentir.

Hay tres personajes que marcaron la historia de este siglo XX uruguayo: José Batlle y Ordóñez, porque supo ver la necesidad de reforzar el Estado para lograr políticas y leyes sociales, industrializar el país para levantarlo y decirle a la Iglesia que se dedique a salvar almas, si es que podía hacerlo; Aparicio Saravia, porque dio el toque de atención sobre el olvido en que quedaba el campo con el proyecto batllista y Raúl Sendic, por rescatar ese Uruguay de los cañeros, los arroceros, los otros, y mostrar la decadencia de la «Suiza de América».

Sepultado en vida durante sus años de prisión supo escribir, en hojillas de cigarrillos, ensayos sobre economía que pocos podían haber hecho en esas condiciones. Al salir de la cárcel se dedicó a investigar y escribir sobre temas económicos que hoy están en la discusión de los economistas. Las cartas a sus hijos eran verdaderos tratados de sociología. Vale recurrir a sus artículos, escritos hace veinte años, para ver cómo se adelantó a las crisis bancarias que luego se produjeron en diversos países; como puso en el centro del debate el problema de la deuda externa; como analizó la explosión migratoria que se daría años después y la irrupción de la violencia juvenil urbana como consecuencia del empobrecimiento y el aumento del tráfico de drogas; y cómo miraba a la América Latina. Sumado a eso, su claridad política y, dentro de esa claridad, su ética, lo hacen uno de los grandes personajes de la América en el siglo XX.

"La Patria nos llama, orientales al Frente", fue la consigna que presidió el primer acto del Frente Amplio, allá por marzo de 1971. Había estado de sitio, confrontación social y el accionar tupamaro cuestionaba el poder tradicional con su corrupción y fraudes permanentes. La represión de los sectores de derecha, las fuerzas militares y paramilitares iba en aumento y el país transitaba hacia una dictadura que se consolidaría en 1973. Doce años de terror, hasta que en 1985 los dictadores comienzan a marcharse y la realidad empieza a cambiar lentamente. En 1986, a instancias de los Familiares de Desaparecidos se crea la Comisión Pro Referéndum, encargada de promover un plebiscito para derogar la Ley de Impunidad, que prohíbe juzgar a los violadores de los derechos humanos. Un médico oncólogo, militante socialista, desconocido en el ámbito político público, pero muy representativo socialmente, el doctor Tabaré Vázquez, fue el tesorero de esa Comisión. La ley no pudo ser derogada, la campaña de miedo desde los partidos tradicionales, agitando el regreso de la dictadura, pudo más y el 52% de los uruguayos votó por ratificar la ley.

En 1989, con Vázquez como candidato, el Frente Amplio gana por primera vez la Intendencia (Alcaldía) de Montevideo con el 34% de los votos de la capital uruguaya. Su gestión municipal en la capital lo proyecta nacionalmente. En 1992 este médico humanista, apoya a la central sindical en su propuesta de realizar un plebiscito contra la privatización de las empresas públicas. El 72% de los uruguayos le dice no a las privatizaciones. En 1994, con la figura de Vázquez ya consolidada, se funda el Encuentro Progresista, integrado por el Frente como fuerza mayoritaria y sectores salidos de los partidos tradicionales. Así se empieza a caminar hacia el Frente Grande que soñaba Sendic.

Las elecciones de ese año demuestran que el crecimiento de la izquierda se consolida cuando se registra un empate técnico entre los partidos tradicionales y el Encuentro Progresista liderado por Vázquez, pero gana el partido Colorado, liderado por Julio María Sanguinetti. La intendencia de Montevideo vuelve a ser frentista con el 44% de los votos de la capital, 10% más que en 1989. Al ver el progreso de la izquierda, la mayoría de los Partidos Blanco y Colorado propone una reforma constitucional que crea la segunda vuelta electoral.

El plebiscito contra la reforma, liderado por Vázquez, se pierde por escasos 9 mil votos. Sin embargo, el crecimiento de la izquierda no para. En 1999, el Frente Amplio obtiene el 39% de los votos a nivel nacional transformándose en la mayor fuerza política del país en este fin y comienzo de siglo uruguayo. Esa izquierda logra 40 diputados de 99 y 12 senadores de 30 (entre ellos José Mujica y Eleuterio Fernández Huidobro, dos de los tupamaros que fueron rehenes de la dictadura). Gana también en departamentos del interior del país donde nunca se hubiera pensado proyectar una fuerza progresista, pero pierde finalmente la presidencia en la segunda vuelta inventada por los partidos tradicionales.

En mayo de 2000, en las elecciones municipales, el Frente Amplio logra nuevamente la alcaldía de Montevideo superando el 60% de las adhesiones con Mariano Arana como alcalde.

Ya nadie podía ocultar que Tabaré Vázquez se había transformado en un líder de carácter nacional y el Frente Amplio-Encuentro Progresista se proyectaba hacia el gobierno. Pero hubo que esperar cinco años más para que la victoria electoral llegara en la primera vuelta, logrando además mayoría parlamentaria. Treinta y tres[1] años después de su fundación, el Frente Amplio logra la presidencia en la primera vuelta electoral, y dentro del Frente, la fuerza política más importante, con más del 30% de los votos frentistas, es el Movimiento de Participación Popular liderado por los tupamaros.

Derrotados militarmente en 1972, a partir del retorno a la institucionalidad en 1985, los tupamaros generaron un espacio político actualmente mayoritario, el Movimiento de Participación Popular (MPP).

El referente de esa nueva mayoría es José Mujica Cordano, ex jefe guerrillero y hoy el senador de la República más votado, quien junto al presidente del Frente Amplio, Tabaré Vázquez, es uno de los políticos más populares del Uruguay actual. Nació en

---

1 Parece que el treinta y tres se ha transformado en un número simbólico para Uruguay, porque también fueron 33 los orientales que cruzaron desde Argentina para declarar la independencia del país.

1935 en un hogar de modestos chacareros de la zona periférica de Montevideo. Comenzó su militancia en su adolescencia, en el movimiento estudiantil de izquierda. Aunque prefiere no hablar de su pasado, es conocido que fue herido de seis balazos, apresado cuatro veces y que se fugó en dos oportunidades de la cárcel de Punta Carretas. En total, Mujica pasó casi 15 años de su vida en prisión. Su último período de detención duró nada menos que trece años, entre 1972 y 1985, y fue particularmente duro.

El hoy senador fue uno de los dirigentes tupamaros que la dictadura cívico-militar que se instaló en Uruguay desde junio de 1973, tomó como «rehenes» y a quienes se ejecutaría en caso de que su organización retomara las acciones armadas. En esa condición, pautada por un aislamiento absoluto y condiciones de detención infrahumanas, permaneció durante once años.

Mujica predica con el ejemplo y vive modestamente. Se traslada al Palacio Legislativo en motoneta y –hasta no hace mucho- cultivaba flores en su chacra que luego vendía en una feria vecinal de Montevideo. Viste con humildad y su lenguaje liso y llano está cargado de metáforas y de una profunda filosofía.

Sobre la relación entre el antiguo Movimiento de Liberación Nacional - Tupamaros (MLN-T) y este actual, Mujica considera que si esa organización sigue existiendo se debe a que ha mantenido su dignidad y sus principios, y a que ha sabido ser flexible, entre otras cosas porque nunca fue un partido sino un movimiento. «Para nosotros la flexibilidad, la apertura, siempre fueron un presupuesto». Luego agrega: «No erramos sustantivamente en cuestiones de línea, y esto hace nuestra interpretación de lo que significa la liberación nacional. Éste es un tema en que la izquierda ha caído en distintas confusiones, por ejemplo, pensar que liberación nacional es lo mismo que socialismo». Y ejemplifica: «Seguramente Suecia es un país que ha hecho su liberación nacional, lo cual no quiere decir que vaya hacia el socialismo».

Para Mujica, alcanzar esta meta intermedia habilita a «hacer alianzas honradas con vastísimos sectores y tener un discurso abierto, pero manteniendo los principios. Alianzas y discursos que de alguna manera son socializantes pero sufren las contradicciones de un proceso de liberación nacional. Hay que negociar acuerdos, muchos acuerdos». De todas maneras, admite el senador, la liberación nacional representa solo una etapa. «No quiere decir que ahí quede concluida la historia, pero para nosotros siempre fue un requisito determinante y previo. Estoy más cerca de Marx que de Lenin, porque no creo que una sociedad pobre, intelectualmente sometida y sin una alta capacitación pueda plantearse la construcción de una sociedad superior. De pretenderlo, se puede construir un monstruito, como ya ha pasado».

Integrado por diversas fuerzas políticas de izquierda y socialdemócratas el Frente Amplio ganó en 1989 la Alcaldía de Montevideo y la mantiene hasta hoy, aumentando a cada elección su electorado. Su ejemplo de unidad en la diversidad es un ejemplo para las fuerzas progresistas de la región. El 1 de marzo de 2005 cuando Tabaré Vázquez asuma la presidencia con un gabinete de ministros, integrado con la pluralidad que tiene la izquierda uruguaya, se inicia un nuevo proceso en la historia de este pequeño país.

Pero Raúl Sendic no pudo ver su obra terminada. Hace quince años, antes incluso de que la izquierda ganara la alcaldía montevideana, la enfermedad de Charcot, provocada por los 13 años de tortura sistemática pasando días en aljibes con el agua hasta la cintura, no lo permitió. Sin embargo, el posible triunfo del Frente nos recuerda que su pensamiento sigue ahí. El hablar bajito y los silencios son parte de la gente que salió a festejar el 31 de octubre, de la que solo recordó con una lágrima y de la que sigue uniendo sueños y recuerdos. Y como diría Alfredo Zitarrosa, ya son parte de la gráfica del pueblo uruguayo.

TRES

Punta Carretas Shopping Center

Montevideo, 8 de marzo de 2005

El Penal de Punta Carretas está impávido, lleno de signos, lleno de fantasmas que atraviesan sus muros sin necesidad de túneles. Allá por 1971 era asiduo visitante de esa cárcel cercana al mar. Desde junio de ese año, mi hermano Enrique estaba detenido por tupamaro. Por esos días yo era un niño y la visita los sábados era todo un rito: levantarme a las cinco de la mañana, tomar un ómnibus, llegar mucho antes de la hora, parar en el boliche ubicado frente a la entrada, pedir un capuchino con bizcochos -una de las razones por las cuales no faltaba-, pasar por la revisada sin que me revisaran por ser gurí, llegar hasta el lugar donde estaban los detenidos, charlar, salir, pasar nuevamente por la revisada, llegar a la calle, caminar hacia la costa y sentir aquella sensación inexplicable que me producía el mar.

En julio se fugan 38 tupamaras de la cárcel de mujeres. En agosto prohíben las visitas a Punta Carretas. La única oportunidad de que los presos se comunicaran con sus familiares era la carta. En una de ellas decía: "Estoy bien, con muchas ganas de verlos, pero por ahora parece que no será posible. No se preocupen por mí, la cosa está tranquila; me paso leyendo, también me están enseñando a trabajar en cuero y por otro lado tengo que cocinar. Espero que estén bien; cuídense mucho (ojo con las llegadas tarde) porque según pude escuchar la cosa está poniéndose brava. No duerman en la pieza de adelante. Tráiganme

31

los libros de poesía que andan por ahí, cuando tengan tiempo. Escríbanme. La carta tiene que abarcar una carilla con letra de imprenta (para la censura, porque las leen antes de entregarlas); la dejan en la entrada. El ánimo es alto. ¡Adelante!".

Con la reanudación de las visitas, un mes después, vuelve la rutina de cada sábado, pero ya nadie se salva de la revisada. Los gurises chicos pasábamos por el mismo lado que las mujeres. A mí nunca me revisaban. ¿Para qué revisar a los niños?, decían las agentes. Sin embargo a las mujeres las hacían desnudar. Aprovechando la ventaja sacaba información en pequeños papelitos que luego eran recogidos por alguien en un boliche. No tenía miedo. "Otros niños deben hacer lo mismo", pensaba. Y además ya tenía la coartada: "Si me agarran, la consigna es no sé nada me lo pusieron, pero no recuerdo quién". Obviamente que si obtenían esos papelitos era muy posible que llegaran a Enrique, pero nunca pasó nada.

El sábado 7 de septiembre le llevamos un par de botas que nos había pedido la semana anterior. Aquel día de visita era demasiado festivo. Algo anunciaba.

A las 4 y 10 de la mañana del lunes 9 alguien llama a la Jefatura de Policía.

- Soy el propietario de una de las casas que están frente al Penal de Punta Carretas, por Ellauri. Se acaban de fugar como cien presos.
- No puede ser. Espere un momento que llamamos a la cárcel… Dicen en la cárcel que todo está normal.
- Pero señor hicieron un túnel que desemboca en mi casa. No le estoy mintiendo.
- Disculpe pero no moleste señor.

Minutos después el director del penal pasa revisando cada una de las celdas.

- ¡No hay nadie!
- ¡Acá tampoco!

La bronca le salta. Los presos que se quedaron observan por las mirillas de sus celdas y se ríen. Los operativos policiales no se hacen esperar.

En casa me despierto apuntado por un fusil. El militar al ver que estoy tapado hasta la cabeza me quita la frazada. Cuando ve a un niño se pone un poco nervioso y baja el arma. Me asusto bastante, pero no mucho, lo suficiente. Estaba bastante acostumbrado a que las fuerzas conjuntas allanaran la casa y se llevaran preso alguno de mis hermanos.

- Buscamos a Enrique Joaquín.
- Está preso en Punta Carretas, contesta la "vieja".
- Se acaba de fugar.
- No sabíamos, ¿cómo fue?, pregunta Joaquín.
- Se escaparon 30 presos.

Hubo cierto regocijo. Más allá de que Enrique escapara o no entre los 30.

- ¿Usted cómo se llama?
- Joaquín Enrique.
- ¿Me está tomando el pelo?
- Yo soy el que le sigue a Enrique... nos llamamos así.
- Me va a tener que acompañar.
- Espere, y cómo sé que ustedes no son del escuadrón
  de la muerte, retrucó Omar.
- No se preocupe, pero si usted quiere venir junto...
- No, dejá. Cuando se den cuenta que no soy Enrique
  me largan.
- Si no es, no va a tener problemas.

Entonces, se llevaron a Joaquín. Montevideo estaba sitiada por el ejército que desde aquel día tomaba el exclusivo combate a los tupamaros. Horas después llegó la noticia: "los presos evadidos son 106, quienes atravesaron la calle por un túnel construido durante un par de meses". Enrique no se había fugado, cambió de celda el día antes y dejó su lugar en la que daba hacia el túnel.

El Penal de Punta de Rieles, Chile, Cuba, Buenos Aires, Bolivia… y en una esquina de la América la vida le jugó una mala pasada. De los fugados, una gran parte volvería tiempo después a la cárcel y estarían presos más de 12 años, otros serían asesinados por el ejército. Joaquín Enrique se marchó, mirando el mar del Caribe.

Hoy recuerdo aquellos tiempos, 33 años después, frente al actual "Punta Carretas Shoping Center", antes de rumbear hacia el Palacio Legislativo, donde uno de los fugados, el Pepe Mujica, Presidente de la Asamblea General por ser el senador más votado, tomará juramento al compañero Tabaré Vázquez como nuevo Presidente de Uruguay. Y Montevideo es una fiesta…

Cuatro

De regreso por Uruguay… Volver…

Montevideo, 16 de enero de 2008

Volver a Uruguay siempre encierra un descubrimiento y un redescubrimiento, mucho más si se trata de pasar en el país casi un mes como no sucedía desde hace mucho tiempo, y en un momento que se vive un proceso político interesante con el gobierno del Frente Amplio, aunque con las contradicciones propias de ese tipo de procesos.

Presenciar un recital de Daniel Viglietti, nada menos que en el Teatro Solís, con toda la fuerza de la memoria, cantando viejas y nuevas canciones, refrescarme con La Luna de Valisas y emocionarme con "Que lejos está mi tierra"…

Escuchar un excelente grupo de rock como el Cuarteto de Nos profundamente crítico del sistema y hasta de sí mismo dentro del sistema, con un tono sarcástico, letras marcadas por la sociedad de las comunicaciones y el consumo y ritmos influenciados por Los Beatles y las nuevas hondas rockeras, aunque para algunos eso parezca contradictorio y tal vez pueda serlo.

Ver a Mario Benedetti recibiendo una condecoración del presidente venezolano Hugo Chávez en el viejo y querido Paraninfo de la Universidad de la República, monumento histórico de las luchas populares de Uruguay y América Latina, donde habló el Che y se forjaron tantas voces conjuntas de estudiantes y trabajadores.

Encontrase con un proceso que ha logrado cosas para destacar, como el juzgamiento a los dictadores Juan María Bordaberry y Gregorio Álvarez y otros connotados asesinos y violadores de los derechos humanos; el Sistema Nacional de Salud que da cobertura a toda la población; la inmunidad sindical y el fortalecimiento de los Consejos de Salarios; el Plan de Emergencia primero y el de Equidad ahora; la Reforma Tributaria; el apoyo a la producción nacional y el fortalecimiento de algunas empresas estatales fundamentales como ANCAP (petrolera estatal) o ANTEL (telefónica estatal); los acuerdos con Venezuela y el afianzamiento de las relaciones con ese país; la apuesta a una integración de América Latina; la próxima reforma de la educación con el fortalecimiento de la educación pública, laica, gratuita y obligatoria; la Ley de salud sexual; la Ley de reparación a ex presos y exiliados políticos; la futura Ley de Defensa que destierre totalmente la Doctrina de Seguridad Nacional y siente las bases para construir unas fuerzas armadas vinculadas a su pueblo; el apoyo a la producción nacional y a la creación de empleo; la Ley del Migrante; el trabajo del Ministerio de Agricultura apostando a las pequeñas economías agrícolas y el aumento del reparto de tierras a través del Instituto de Colonización.

Percibir las contradicciones entre quienes quieren ir más allá de estos pequeños grandes logros y quienes se aferran a no profundizar los cambios. Percibir además la falta de un debate serio sobre la instalación de la ya famosa planta de celulosa de la empresa finlandesa Botnia sobre el río Uruguay, porque se cayó en la discusión sobre una posible contaminación, se dio manija a un diferendo entre Uruguay y Argentina y no se colocó sobre la mesa la necesidad de debatir sobre cuál es el modelo de desarrollo de mediano y largo plazo que aspira el gobierno progresista uruguayo, como debería hacerlo el gobierno de Argentina y todos los gobiernos de izquierda de la región que tampoco lo han hecho, un modelo que suponemos debería apartarse de la depredación economicista propuesta por el neoliberalismo y el estalinismo.

Notar, como se nota de afuera, que gran parte de la diplomacia trabaja contra el gobierno, contra una propuesta progresista y en lugar de responder al proyecto político gobernante responde a proyectos extraños forjando en forma soterrada alianzas por un TLC (Tratado de Libre Comercio) con Estados Unidos, serruchándole el piso al Canciller y contradiciendo al propio Presidente Vázquez, sin hacer nada por fortalecer la unidad latinoamericana o promover al país en el exterior, de cóctel en cóctel. Percibir que el gobierno uruguayo no sabe comunicar y no tiene quien lo ayude porque la Secretaría de Prensa de la Presidencia demuestra falta de visión política para comunicar. Entonces el presidente Vázquez queda solo en medio de los medios, y de las contradicciones.

Sentir que el Frente Amplio finalmente ha logrado interpretar la sociedad uruguaya integrando a distintos sectores pero con una acción unificadora de izquierda. Antes los partidos tradicionales blanco y colorado lograban mostrar una imagen de diversidad que en la realidad servía para construir la hegemonía de la derecha.

El Frente Amplio tiene diversas miradas, algunas volcadas más hacia la derecha, otras ubicadas más al centro y el liderazgo de la izquierda se ubica en el Ministro de Ganadería José Mujica, quien, sin embargo, tiene la capacidad de dialogar, unificar criterios e interpretar la idiosincrasia uruguaya como pocos, así su sector, el MPP (Movimiento de Participación Popular), se ha transformado en la principal puerta de entrada para mucha gente que antes huía de la izquierda.

Mujica es un veterano líder tupamaro, rehén de la dictadura uruguaya que gobernó el país entre 1973 y 1985, filósofo de la vida, hombre de campo y de ciudad, genio del sentido común, y líder político que ya ha logrado trascender la frontera del Frente Amplio para transformarse en líder nacional, quien junto a Tabaré Vázquez, es el político más popular del Uruguay. Ha logrado consolidar la unidad del gobierno y del Frente incluso aceptando decisiones con las que claramente no estaba de acuerdo, demostrando dotes de conciliación y de estadista en un país sumamente politizado, en el que todo se discute y se dialoga apasionadamente desde el boliche hasta la Universidad, pero sin ir a grandes enfrentamientos.

El MPP, surgido del tronco del MLN-T (Movimiento de Liberación Nacional – Tupamaros) ha interpretado la realidad y se ha constituido en una especie de frente dentro del Frente Amplio, logrando abarcar todo el espectro histórico de la política uruguaya con bases de izquierda, blancas y coloradas progresistas, y presentado además ante la sociedad un sector moderado y uno más radical que son unificados por el camino y por la impronta marcada desde Mujica. En este momento, a dos años de las elecciones sigue siendo el sector mayoritario dentro del Frente con el 33 por ciento de preferencia del electorado de la fuerza gobernante, y tiende a crecer. Con un trabajo más acentuado de la militancia, el fortalecimiento de una imagen ética ante la opinión pública y una mejor comunicación con los jóvenes asumiendo su lenguaje y sus reivindicaciones, en un año puede pasar el 40 por ciento.

Dentro de ese panorama, y ante la negativa de Vázquez de ir a la reelección, para lo que se necesitaría una reforma constitucional, Mujica aparece como posible candidato y posible futuro presidente, pero para eso tendrá que sortear el embate de la derecha que utilizará todas las mañas para golpear su posible candidatura.

El problema que presenta el MPP y el Frente Amplio, es el recambio a mediano plazo, la falta de jóvenes no tan jóvenes con capacidad de liderazgo y proyección más allá de pequeños círculos, gente de cuarenta años o un poco más con el carisma necesario para tomar la posta por tener ascendencia, ser respetados, tener una imagen incorruptible, capacidad de diálogo con las masas, consistencia política, la apertura necesaria para interpretar la cultura uruguaya, ser creíbles como representantes de esa cultura, y la capacidad de una mirada global para conducir un proyecto transformador, de quiebre. Lamentablemente no los hay.

El regreso a Uruguay me ratifica que ya soy un poco de todas partes, que el camino está en todas partes, y que es un momento histórico fundamental para Uruguay, para Ecuador y para casi toda la América del Sur.

En fin, este viaje me reivindicó al Uruguay y me dejó claro que falta mucho por hacer, pero hay que hacerlo, y aunque el camino está lleno de contradicciones, se está caminando, y eso es bastante aunque sea poco, porque al final de cuentas la vida es un soplo, y el período de un gobierno no es nada en la telaraña de la historia...

Cinco

La rosa de los vientos

Quito, 13 de septiembre del 2008

En El año de la muerte de Ricardo Reis, José Saramago dice: "a esta ciudad le basta saber que la rosa de los vientos existe, este no es el lugar donde los rumbos se abren, tampoco es el punto magnífico donde los rumbos convergen, aquí precisamente cambian los rumbos".

Esa imagen pinta el momento que viven Ecuador y América del Sur. La nueva Constitución ecuatoriana, y el encuentro fugaz de hace algunos días entre el Presidente Rafael Correa y el senador uruguayo José Pepe Mujica, son dos hechos de ese momento.

Con todos sus defectos, y con el desastre que fue la comisión de redacción, la nueva Constitución ecuatoriana puede significar un quiebre con el modelo neoliberal, proporcionando herramientas al pueblo para que encauce el cambio de rumbo.

El encuentro, pese a lo fugaz, muestra un punto de convergencia entre representantes de dos generaciones que hoy intentan un cambio dentro de las reglas de juego que el sistema ha impuesto. Correa, con el ímpetu de quien está aprendiendo a caminar en el camino, Mujica con la tranquilidad de quien sabe que el camino nunca termina.

El Presidente Correa asumió un liderazgo, unificó algunos sectores de izquierda que hasta hace poco no podían caminar juntos y construyó una gran popularidad. Pero a su movimiento le falta la historia, base social y consistencia que, con sus contradicciones internas, tiene el Frente Amplio de Uruguay.

En el Gobierno ecuatoriano hay un sector de derecha que busca un reacomodo político y económico, traba los intentos de cambio y busca fortalecer un modelo que consolide a nuevos grupos hegemónicos. Un sector que tiene parte de la correlación de fuerzas a su favor, y ha logrado cercar al mandatario. Por otro lado hay gente con un pensamiento transformador; hay progresistas que se acomodan en la silla disputando alguno que otro puestito burocrático, pero no el sentido del cambio; y hay oportunistas que caen por su propio peso. Por lo tanto, hay un gobierno en disputa, el sentido del cambio de rumbo en disputa y la correlación de fuerzas en disputa.

En este momento la oligarquía y la derecha tradicionales, presionan al Gobierno desde afuera con su campaña por el No a la Constitución, mientras que desde adentro del Gobierno la nueva derecha pelea para imponer su sentido del cambio. Desde afuera y desde dentro, unos y otros trabajan por desviar el cambio de rumbo.

El seguro triunfo del Sí el 28 de septiembre, puede ser el primer paso para consolidar la correlación a favor de los sectores populares. Pero eso no depende solo de Correa, depende de la lucha de todos y todas para torcer la correlación de fuerzas, y presionar sin temor por un verdadero programa de cambios.

Ex Ministro de Ganadería y Agricultura del gobierno de Tabaré Vásquez, José Mujica representa el liderazgo más popular de la izquierda uruguaya. Una persona que tiene la capacidad de dialogar, unificar criterios e interpretar la idiosincrasia uruguaya como pocos, pero sin bajarse de los principios. Posible candidato presidencial y futuro presidente del Uruguay.

La nueva Constitución y el encuentro entre Correa y Mujica dejan claro que la rosa de los vientos existe y pueden comenzar a cambiar los rumbos. Pero sin pueblo y sin organización no hay rosa de los vientos, ni líderes, ni Constitución que valgan.

Seis

El consenso soy yo...

Quito, 3 de noviembre de 2008

En la novela Ensayo sobre la ceguera de José Saramago, uno de los personajes pregunta cierta vez ¿Cuántos ciegos serán precisos para hacer una ceguera? No sé por qué recordé esa frase al ver lo que está ocurriendo en Uruguay con la interna del Frente Amplio.

A través de información y comentarios publicados en diarios y semanarios uruguayos, y de mensajes de amigos y compañeros he seguido de cerca, desde Ecuador, el desarrollo de esa interna con respecto a las candidaturas presidenciales.
Entre todo lo leído me ha llamado mucho la atención cómo se recurre a la palabra "consenso" para justificar posturas personales o de grupos y como herramienta política de destrucción del otro, en este caso el senador del Movimiento de Participación Popular (MPP) y ex Ministro de Agricultura José Mujica.
Por un lado están aquellos que dicen: Mujica debe aceptar el consenso e ir como candidato a vicepresidente del ex Ministro de Economía Danilo Astori.

¿Quién dijo que Danilo Astori es el consenso? Si analizamos las encuestas vemos que Mujica además de tener mayor intención de voto tiene más capacidad de atraer votantes de afuera del Frente. Por lo tanto más posibilidad de ganar en la primera vuelta, y en caso de segunda vuelta triunfar tranquilamente. Eso no ocurre con Astori que hasta podría perder con el candidato blanco. ¿Qué es el consenso? ¿Quién representa el consenso?

Otros dicen: No podemos ir a elecciones primarias porque se puede polarizar la interna frenteamplista entre el MPP y Asamblea Uruguay (sector de Danilo Astori). Hay que llegar al consenso. ¿Quién es el consenso entonces? ¿Algún candidato de otro partido frentista que no llega al pueblo como Mujica? ¿Por qué no se polarizó la interna del Frente entre el Partido Socialista y Asamblea Uruguay cuando Tabaré Vázquez del Partido Socialista fue a primarias con Astori? ¿Por qué no se recurrió al consenso en esa oportunidad?

En aquella ocasión se aplicó la democracia interna y sirvió para fortalecer al Frente Amplio. Ahora no aplicar la democracia y recurrir al cuento del consenso servirá solamente para debilitar al FA. ¿Por qué ahora muchos exigen un consenso falso en lugar de una democracia real?

Algunos en cambio dicen: Las primarias debilitarían al Frente Amplio, es mejor promover la reelección del presidente Tabaré Vázquez.

¿Ese es el consenso? ¿Dónde está escrito que la reelección es el consenso en un país como Uruguay? En caso de promoverse una reforma constitucional, igual se debería ir con una fórmula presidencial que no integraría el mandatario. En esa fórmula seguramente no estaría Mujica. ¿Acaso esa fórmula es el consenso? Lamentablemente la salida reeleccionista suena a una especie de chantaje de quienes nos saben perder dentro de las normas democráticas. ¿Cuál es el temor de recurrir a la democracia?

Los seguidores de Danilo Astori dicen que el consenso es el ex Ministro de Economía. Los sectores que ahora se oponen a las primarias dicen el consenso es no ir a las primarias. Algunos ministros dicen que el consenso es el Presidente. Parece que parte de la izquierda uruguaya ha decidido innovar y reivindicar ciegamente "el consenso soy yo".

El Presidente Tabaré Vázquez, como hombre libre que es, sabe muy bien que los verdaderos hombres libres, somos aquellos que asumimos el trabajo de pulir la piedra día a día para construir el Templo Social. Y sabe también que la tolerancia y el consenso son consecuencia de la democracia, no de la imposición. Pero sabe, sobre todo, que palabras tan significativas como libertad, igualdad y fraternidad, dejan de ser abstractas cuando la gente las asume como propias manifestándose democráticamente.

El Presidente pasó a la historia porque su gobierno inició el cambio de rumbo, y seguirá siendo fundamental en ese cambio de rumbo. Por eso mi respeto y aprecio hacia él, y porque hasta ahora ha sabido llevar adelante los principio de los hombres libres en la construcción del templo social.

Con todas las discrepancias que se pueden tener con él, ha cumplido un papel destacado en la historia contemporánea uruguaya. El futuro, sin lugar a dudas lo reconocerá Ahora se inicia otro momento, y otra persona debe tomar la posta. Esa persona debe ser producto de la democracia interna, cuya mayor expresión son las elecciones primarias, sin miedo a lo que decida la gente, sin miedo a la gente. La democracia y la gente son dos de las columnas fundamentales que sostienen al Frente Amplio. No apoyarse en ellas es ir contra la historia.

En el mismo Ensayo sobre la ceguera, en el final, otro personaje dice: "Creo que no nos quedamos ciegos, creo que estamos ciegos, Ciegos que ven, Ciegos que, viendo, no ven". Tal vez esa frase defina a quienes recurren al consenso como arma para destruir al otro. Pero seguramente esa no es, ni será nunca, la definición del pueblo frenteamplista.

El intento de bajar a José Mujica de la candidatura presidencial con la excusa de que no es el consenso, además de ceguera, encierra un desprecio a la lucidez de la gente construyendo su destino, como lo expresa el escritor portugués en otra obra...

SIETE

Un Congreso decisivo

Quito, 3 de diciembre de 2008

El Frente Amplio de Uruguay define en estos días, en su Congreso, la fórmula presidencial que lo representará en las elecciones nacionales del año próximo. Por lo tanto define, en parte, el futuro de un proyecto de país incluyente, con un modelo de desarrollo que priorice la producción en lugar de la especulación, la redistribución en lugar del monopolio, la economía solidaria en lugar del mercado.

Si bien el candidato presidencial y seguro futuro presidente, tendrá que cumplir con el programa, que marca la cancha en la que puede moverse, su personalidad, visión, compromiso, e historia marcarán la forma y los tiempos en que se aplique ese programa. De él dependerá si se refuerza o no, una forma de hacer política en la cual democracia sea sinónima de participación. Sin ese miedo a la gente que demostraron algunos cuando en lugar de apoyar las elecciones internas propuestas por José Mujica, invocaron la necesidad de un consenso casi abstracto.

Según informaciones de prensa, existe una alta probabilidad de que en el Congreso del FA, la mayoría de los frenteamplistas elijan al actual Senador y ex Ministro de Agricultura José Mujica como candidato a la presidencia del Frente Amplio.

Esa posible definición, que hace unos meses atrás no estaba clara, provocó que, de un momento a otro, quienes habían descartado las elecciones internas, pasaran a reivindicarlas como la máxima expresión de democracia. Es un cambio elogiable, así quede la duda si es sincero o solo parte del típico "principio" de la política tradicional, según el cual se debe apoyar un mecanismo cuando favorece y oponerse cuando no favorece.

Más allá de las dudas, finalmente le dieron la razón a José Mujica, quien reivindicó esa instancia desde un principio porque está convencido que la democracia es y será la mejor forma de fortalecer al Frente.

José Mujica, desde un comienzo se jugó por la mayor expresión democrática representada en las elecciones internas, pero respetando siempre los procedimientos establecidos en los estatutos frenteamplistas y las instancias de decisión del Frente, que son las que marcan la pauta, como en el Plenario Nacional y el Congreso. Hoy, cuando esas instancias están cercanas a decidir una fórmula que se encuadre dentro de los estatutos frenteamplistas como aceptaron todos, hay quienes ya no quieren respetar los mecanismos y reivindican las elecciones internas como no lo habían hecho antes. La mayor expresión de democracia son las elecciones internas, y eso no se puede poner en duda. Pero la democracia significa también, respetar las instancias y procedimientos internos como lo ha dicho el propio Mujica.

Por lo tanto, si finalmente el Congreso define democráticamente una fórmula presidencial, hay que respetar esa decisión democrática. Sin embargo, eso no impide que en un gesto de grandeza, luego se acepte el mecanismo de elecciones internas para fortalecer la democracia.

En la política, esos gestos de grandeza solo los pueden tener personas con la talla de estadistas como José Mujica, quien en ningún momento midió qué era mejor, incluso aceptando ser vice si esa era la decisión de pueblo frenteamplista, cosa que lamentablemente el ex Ministro de Economía y precandidato presidencial, Danilo Astori, todavía no aceptó.

OCHO

Deslegitimar es sinónimo de destruir

Quito, 17 de diciembre de 2008

La nominación de José Mujica como Candidato Oficial del Frente Amplio de Uruguay a la Presidencia de la República en las elecciones del año próximo, ha provocado diversas reacciones como suele ocurrir con decisiones políticas de trascendencia y que pueden marcar el futuro de un colectivo.

Cada cual es responsable por lo que dice y, en todo caso, el tiempo se encargará de dispersar las nubes y aclarar el cielo. Pero me llama la atención que algunas personas hayan intentado deslegitimar al Congreso como instancia de decisión colectiva ahora que sus tesis han sido derrotadas.

Cuantas veces en el viejo Comité Primero de Mayo del Buceo junto a otros compañeros perdimos al defender una tesis o al postular un delegado a la Coordinadora que creíamos era el más representativo, y cuántas veces con esos compañeros nos bancamos la derrota, en algunas ocasiones embroncados claro, es la condición humana, pero nunca deslegitimamos la democracia interna.

Eso le pasó a mucha gente, incluido, como no podía ser de otra manera, a José Mujica, quien siempre ha levantando la columna de la unidad por encima de todo. Así es la vida. Quienes hoy intentan deslegitimar al Congreso del Frente deberían hacerse una autocrítica y pensar que en la democracia se gana y se pierde. En la vida se gana y se pierde. Lo importante es asumir la derrota apostando a construir y defendiendo la unidad, no apostando a destruir. Nadie construye un futuro mejor destruyendo, y el querer deslegitimar el Congreso es una forma de destruir al colectivo, pero sobre todo destruir al otro, al que piensa de una forma diferente.

Resulta muy difícil que una persona busque representar al Frente Amplio si comienza por deslegitimar la representatividad de aquellos y aquellas que lo construyen día a día en los comités de base. Lamentablemente, el contador Danilo Astori y sus cercanos colaboradores, han intentando deslegitimar la instancia superior de la organización política que quiere representar. Buscar la deslegitimación, que es una forma de destrucción del Congreso, es buscar la destrucción del propio Frente, ese que con todas sus contradicciones, con todos sus errores, con todas sus metidas de pata, es la síntesis de un Uruguay que busca cambios. Deslegitimar el Congreso es como decir "si no somos nosotros que no sea nadie", por eso hablo de una necesaria autocrítica. Pero deslegitimar al Congreso no es deslegitimar la candidatura de José Mujica, es algo mucho más serio, es deslegitimar, o sea destruir, el programa del Frente, así se diga estar de acuerdo con él. Eso sí da para pensar.

Al final de cuentas, entendiendo la condición humana y reivindicando la tolerancia siempre, se puede comprender que una persona, cualquiera, que tenga un interés particular de ser candidato termine deslegitimando una instancia en la que fue elegida otra persona para esa representación. Es comprensible, no justificable, porque todos podemos pasar por algo así. Todos. Hay que entenderlo. Sin embargo, ya no es comprensible, que se busque ser candidato de un sector cuyo programa, o sea cuya carta de navegación hacia el futuro, fue construido por una estructura que se intenta deslegitimar.

Danilo Astori ha dicho que la resolución tomada por el Congreso, aunque la respeta muchísimo porque es la opinión de la estructura militante del Frente Amplio, "no es representativa de la opinión del pueblo frenteamplista considerado en su conjunto" si no de "aparatos". Ha dicho además que el programa de gobierno que aprobó el Congreso puede ser llevado adelante por él sin dificultad. Por lo tanto se desprende una importante contradicción ya que si el Congreso y el candidato oficial del Frente Amplio es una expresión de los aparatos, el programa también debería serlo.

O sea que el Congreso es legítimo para hacer un programa pero no para elegir quien represente ese programa. Aunque manifestó su discrepancia con la posibilidad de que exista un frigorífico nacional, tal como se votó en el Congreso, Astori señaló que no ve "en eso dificultades para poder cumplir con el programa votado". Parece que el programa es legítimo si lo representa él.

Astori también dejó claro que hará una campaña de guante blanco como Mujica. Si bien eso no hay porque dudarlo, saliendo a descalificar al Congreso empieza mal, no empieza de guante blanco. Además sería sumamente importante para su credibilidad que siga los pasos de Mujica y acepte desde ya, ser candidato a vicepresidente si es que pierde las elecciones internas. Eso sería una muestra de humildad y un gesto trascendente para la unidad frentista.

En el tema de las elecciones internas, luego de renegar tuvo que seguir la propuesta de José Mujica, que fue el primero en promover esa instancia. Ahora, todos reconocerían un gesto de buena voluntad en él si aceptara de antemano ser vicepresidente. Eso, si es verdad que, como dijo el otro día, quiere "contribuir al triunfo del FA".

Cuando Astori dice "me voy a presentar a esta interna con la intención de ganarla y ayudar a que el FA triunfe en las próximas elecciones", parece que la única forma de ayudar al Frente es siendo candidato a la Presidencia. Una persona con la capacidad de Danilo Astori puede ayudar al Frente muchísimo desde cualquier puesto de dirigencia y por supuesto desde la vicepresidencia.

Pero si no acepta ser vicepresidente, si no asume ese reto ahora, estaría demostrando cierta soberbia digna de otros partidos, pero no del Frente Amplio, y estaría demostrando que no tiene la pasta necesaria para ser candidato presidencial, cosa que no creo. Por eso estoy convencido que en los próximos días seguirá la propuesta de Mujica y aceptará ser vicepresidente si fuese el caso.

Aunque muchos digan que mi pensamiento está caminado un poco apurado, creo que el Congreso no solo eligió al candidato del Frente si no al futuro Presidente del Uruguay. Pero Mujica ahora tiene una responsabilidad muy grande con el Frente Amplio y con el país, porque ya no es el candidato de uno dos o diez sectores, es el candidato del FA, y no tiene derecho a fallar.

NUEVE

Sobre polos y fortalezas en el camino

Quito, 29 de enero de 2009

Hace ya casi dos años, en un café de Quito, durante una conversación sobre política con el actual Ministro de Energía de Uruguay, Daniel Martínez, él decía que José Mujica sería un excelente candidato presidencial.

Hablaba de Mujica con una admiración y una confianza que me sorprendió. Me detalló el apoyo de Mujica al proyecto azucarero, destacó el trabajo en el Ministerio de Agricultura. En fin, me describió al futuro Presidente uruguayo.

Hoy cuando leo la información sobre la posible conformación de un "tercer polo" para participar en las elecciones internas del Frente Amplio, recuerdo aquella conversación, pero también proyecto esa propuesta hacia la historia inmediata que vivirá el país.

Es imposible no indagar el por qué de esta propuesta, y preguntarse además sobre la proyección que puede tener. Prefiero no llamarla "tercer polo", porque si la denominamos así estaríamos aceptando que actualmente en el Frente Amplio existen dos polos que se repelen y, tal vez con el surgimiento de un tercero neutro surja la armonía, y eso no es así.

En el FA no existe ninguna polarización, solo dos miradas distintas de cómo llevar adelante un programa aprobado por su Congreso que, aunque algunos no estén de acuerdo con su decisión, es la instancia que resume la democracia interna de una estructura diversa.

Tal vez la diferencia más importante entre esas dos miradas está en que José Mujica pone más énfasis en el ser humano que en los números, sin descuidar el manejo adecuado de los mismos para que estén al servicio de la gente. Danilo Astori, en cambio, enfatiza su accionar en los números.

Los números son importantes porque nos ayudan a sumar, restar, multiplicar y dividir, pero no sirven para nada si los seres humanos no tienen condiciones mínimas de vida para sumar, restar, multiplicar y dividir.

Son dos miradas que alinean gente a su alrededor y que en lugar de dividir unifican, porque son parte de la democracia. La democracia interna no divide. Por más discrepancias que se presenten durante su ejercicio, la democracia siempre unifica. Por lo tanto, a la hora del surgimiento del denominado "tercer polo" debemos preguntarnos cuál es su impacto en la democracia interna.

En cualquier lugar, cuando surge una tercera opción a las dos existentes, generalmente se coloca por encima de las anteriores y, de alguna manera, está "sobre el bien y el mal". Así no sea neutral finalmente se transforma en una alternativa. En este caso, el "tercer polo" aporta al fortalecimiento democrático del Frente, amplía la oferta electoral, pero no se transforma en una alternativa, no es una propuesta que pueda colocarse con fuerza por encima de las otras dos, así reciba votos de gente que no quiere apoyar a uno de los dos precandidatos principales. Pero sí puede posicionar públicamente, una figura que hacia futuro tendrá en su hoja de vida la importancia de haber sido precandidato presidencial del FA.

En el caso particular de Marco Carámbula, debería hacerse un análisis adecuado para establecer si ser precandidato le ayudaría luego en su reelección para la intendencia de Canelones o no. Eso es fundamental antes de cualquier movida, por el prestigio y popularidad que tiene Carámbula en el pueblo de Canelones debido a su excelente gestión como Intendente. En el caso de Martínez, imagino que también se estará midiendo si es más importante ser candidato o terminar la gestión como ministro.

Pero más allá de eso, si existe la necesidad de una tercera candidatura en un sector del Frente, y finalmente hay quienes la asuman, eso será bueno para la democracia interna. Además, la sola posibilidad de contar con varios cuadros en capacidad de ser precandidatos, muestra también la fortaleza actual del Frente Amplio. Lo fundamental es remarcar que el camino une, y las internas, con dos o tres candidatos, son parte del camino.

Alguien dijo por ahí que cuando todos piensan igual, alguien no está pensando, por eso la riqueza de la variedad de pensamientos, de la diversidad, dentro del respeto a la unidad. Dentro de esa diversidad, y a propósito de aquellas palabras de Martínez en aquel Café quiteño, creo que Mujica ya es mucho más que una excelente opción presidencial para el Frente. Mujica reúne entorno de si mismo diversos elementos simbólicos que lo colocan como parte indisolublemente ligada al espíritu de la época, para usar palabras de Hegel.

Salvando las distancias, es lo que ocurre con Barak Obama en Estados Unidos, alguien que, más allá de la impronta que le pueda colocar el poder del imperio, ya simbólicamente representa el cambio, representa la esperanza. Pero además, para la gente, representa la imagen de que uno de los suyos está en la presidencia. Eso es también parte del espíritu de la época. Hay elementos simbólicos que están ahí, en el imaginario de la mayoría del pueblo.

Mujica expresa, también, la imagen de la tolerancia, de la apertura para tender puentes, tal vez porque sabe que cuando los puentes se caen los caminos se truncan, y eso a veces lleva a buscar atajos que generalmente son muy dolorosos y no necesariamente ayudan a seguir construyendo el camino. Eso lo presiente la gente, y presiente, sobre todo, que el futuro no es el pasado y la esperanza está en el futuro. Y al fin de cuentas, el camino también es la esperanza.

DIEZ

Ensayo sobre el voto útil

Quito, 13 de marzo de 2009

Tras las últimas encuestas que muestran a José Mujica como pre-candidato triunfador en la interna del Frente Amplio, y en proyección hacia las presidenciales de octubre como futuro Presidente, un asesor del contador Danilo Astori comentó que la intención de voto que tiene Marcos Carámbula no estaba dentro del "voto útil". ¿Se trataría de un voto inútil entonces?

Cuando se habla de voto útil dentro del Frente, con la intención de que la gente que piensa votar por Carámbula vote por Astori, estamos ante una actitud que socava la democracia frenteamplista.

Creer que existe un voto útil y otro inútil dentro del FA no es solo subestimar a un buen conglomerado de gente sino una forma de despreciar la inteligencia de quienes piensan votar por ese pre-candidato y la del propio pre-candidato. Es una actitud similar a la de aquellos políticos que fueron castigados con el voto en blanco en la novela de José Saramago *Ensayo sobre la lucidez*. Decir que hay votos útiles e inútiles es, finalmente, un ataque a la lucidez de los frenteamplistas. Pero sobre todo, una actitud que no se corresponde con el clima de fraternidad que siempre ha tenido y seguirá teniendo el Frente.

Si utilizarnos el mismo razonamiento de quienes hablan de voto útil, podríamos decir que lo más útil hacia las elecciones nacionales es fortalecer en las internas al candidato que tiene mayor intención de voto. Por lo tanto el único voto útil sería el que apoye a José Mujica. Entonces sería mejor que quienes pensaban votar por el contador Astori lo hagan por Mujica.

De esa forma, el candidato triunfador iría a la elección nacional con un apoyo interno en votos útiles de casi el 100% de votantes frenteamplistas, y aumentaría su posibilidad de triunfo. No es un chiste, es solo una muestra de que los razonamientos primarios pueden ser utilizados en cualquier sentido.

Decir que Carámbula le está sacando votos solamente a Danilo Astori es otro razonamiento primario, pues su candidatura es apoyada por gente que le cuesta mucho votar por Mujica o por el ex Ministro de Economía. Por lo tanto, es bueno apelar al sentido común y, por supuesto, a la fraternidad, para no caer en razonamientos primarios que en lugar de unir pueden provocar resentimientos.

En un artículo anterior señalaba que el surgimiento de una tercera pre-candidatura ampliaba la oferta electoral y fortalecía la democracia interna del Frente. Pero además posiciona nacionalmente un candidato con enorme prestigio hacia futuro. La democracia se fortalece con más democracia, con el respeto a todas las opciones, que son muestra de la diversidad, y con la humildad para aceptar la derrota.

Uno de los mensajes más importantes que dejó José Mujica en el acto de lanzamiento de su campaña, fue la necesidad de desalambrar el pensamiento y dejar a un lado cualquier sectarismo. Mujica siempre sorprende por su capacidad de descifrar los códigos de la gente, de ubicarse un paso delante de la chacra. Cuando se despide de la barra, de la barra chica, está asumiendo una nueva realidad, porque colocarse fuera de la barra es entender claramente que su figura ya trascendió la barra. Aunque la barra nunca se olvida como no se olvida la familia o la esquina o el boliche, porque tiene un lugarcito garantizado en el corazón, es necesario abrir el corazón mucho más porque ahora abriga a toda la gran barra frenteamplista, y más que eso, abriga a la gran barra del pueblo uruguayo.

Mientras Mujica abre el corazón sin despreciar la lucidez de nadie, sin andar contando voto útiles o inútiles, otros, lamentablemente, le ponen tranqueras al corazón, le ponen alambrados al Frente... Hoy más que nunca es necesario recordar las palabras de Tabaré Vázquez cuando, con esa tranquilidad que lo caracteriza, dijo sabiamente que era el Presidente de todos los uruguayos, y abrir el corazón como propone José Mujica. Porque en octubre, el triunfo del Frente no es el triunfo de una barra o de una esquina, y mucho menos de los votos útiles o inútiles, es la victoria de todas las barras y todas las esquinas, es una victoria del paisito todo...

ONCE

El Mandela uruguayo

Quito, 24 de marzo de 2009

El domingo pasado, durante una entrevista para una red de emisoras de Ecuador, el Presidente ecuatoriano, Rafael Correa, me dijo que la elección del senador José Mujica como Presidente de Uruguay en octubre de este año, sería una muestra de la profundización de los cambios en ese país.

"Una eventual elección de José Mujica, significaría una profundización de los cambios que se vienen dando en América Latina y más específicamente en América del Sur y en Uruguay", aseguró el Mandatario ecuatoriano, destacando que los cambios se iniciaron con Tabaré Vázquez.

Correa, quien dijo conocer la trayectoria de Mujica, hizo un paralelo entre el significado que tendrá su elección y el significado que tuvo para Sudáfrica la llegada al gobierno de Nelson Mandela en su momento.

El mandatario ecuatoriano destacó los procesos de cambio en América del Sur, con gobiernos que están realizando la mayor inversión social en décadas, porque tienen una clara opción por los pobres.

Según encuestas preelectorales en Ecuador, Rafael Correa sería reelecto en la primera vuelta de las elecciones presidenciales programadas para el 26 de abril. En tanto que encuestas preelectorales en Uruguay, señalan que José Mujica vencería las elecciones primarias del gobiernista Frente Amplio en junio, y en octubre sería electo Presidente del país.

Tanto Rafael Correa como José Mujica han evidenciado un claro interés en fortalecer la integración de América Latina. "La clave para reconstruir la sociedad latinoamericana es romper el neoliberalismo y reemplazarlo por una convivencia basada en la cooperación y en la solidaridad social", aseguró Correa.

El pasado 5 de marzo, durante el lanzamiento de su campaña en Montevideo, Mujica elogió al gobierno de Rafael Correa y de otros presidentes de izquierda de América del Sur. "Importa la suerte de los que viven, de cómo viven, por eso gracias a los Tabaré (Vázquez), a los Lula (Da Silva), a los Evo (Morales), a los (Rafael) Correa, a los que pelean como pueden y zurcen. Están abriendo un horizonte distinto que ni siquiera podríamos imaginar hace 30 años", afirmó José Mujica.

"Gobernar con una visión progresista es zurcir todos los días, tejer alianzas permanentemente, tratar de ensanchar en todo lo posible la base de sustentación, tratar de limar las contradicciones más peligrosas, preocuparse por el salario, preocuparse día a día por el trabajo, preocuparse porque la tajada gruesa no condene a la inanición a otros", aseguró el dirigente tupamaro en esa oportunidad.

DOCE

Tal cual es…

Quito, 31 de marzo de 2009

Juan Carlos Onetti dijo alguna vez: "Lo más importante que tengo sobre mis libros es una sensación de sinceridad. De haber sido siempre Onetti. De no haber usado nunca ningún truco… de no haberme estafado a mi mismo ni a nadie nunca. Todas las debilidades que se pueden encontrar en mis libros son debilidades mías y son autenticas debilidades". Creo que fue en una entrevista con María Esther Gilio.

Si alguien leyó la obra de Onetti y leyó su vida no tiene duda que fue así. Su obra es un reflejo de su vida y su vida es un reflejo de su obra. Nunca se le hubiese ocurrido hacer de Santa María un pueblo de telenovela, por ejemplo.

Si trasladamos esta imagen a la política uruguaya del siglo XX podríamos decir que José Batlle Ordoñez no se traicionó a sí mismo y supo ver la necesidad de reforzar el Estado para lograr políticas y leyes sociales, industrializar el país para levantarlo y decirle a la Iglesia que se dedique a salvar almas si es que podía hacerlo. También podríamos pensar que Aparicio Saravia fue sincero, y dio el toque de atención sobre el olvido en que quedaba el campo con el proyecto batllista. Deberíamos hablar de Raúl Sendic quien nunca se estafó a sí mismo y supo rescatar ese Uruguay de los cañeros, los arroceros, los otros, y mostrar la decadencia de la "Suiza de América". Habría que señalar a Líber Seregni quien fue autentico al reivindicar la dignidad y el honor militar.

Llegando al presente, no hay duda que cuando uno escucha hablar a José Mujica nota una sensación de sinceridad y enseguida percibe que Mujica ha sido siempre Mujica, que no ha usado ningún truco… que no se ha estafado a sí mismo ni a nadie, y que todas las fortalezas y debilidades que se pueden encontrar en su discurso y en su accionar son fortalezas y debilidades suyas. Porque Mujica es antes que nada un ser humano real que no oculta como es, como cualquier hijo de vecino.

Con una capacidad de mirar más lejos que muchos, sin duda; sino no sería un candidato a Presidente con pasta de estadista y con la popularidad que tiene. Con la experiencia para moverse en cualquier escenario, así sea entre reyes o entre pobres; claro. Con un conocimiento real del país urbano y rural como pocos, sin duda. Con una sabiduría para conformar y coordinar equipos de trabajo a cualquier nivel, sea en un partido, un ministerio o un gobierno, obvio. Con la solvencia, seguridad y firmeza para realizar una gestión gubernamental seria, constructiva; claro. Con la tolerancia y la tranquilidad para reconocer los errores y escuchar el aporte de todos y todas, seguro.

Por todas esas condiciones y muchas más, José Mujica será el Presidente de todos /as los /as uruguayos /as. Pero sobre todo, porque Mujica nunca deja ni dejará de ser Mujica.

Ante Lula, ante Obama, ante Correa, ante Evo Morales, ante el "rey" Juan Carlos, ante Cristina Fernández, ante la selección uruguaya, ante los vecinos y vecinas del barrio Marconi o del Buceo, ante los periodistas, ante la barra chica y la barra grande Mujica es Mujica.

Cuando la gente vota por Mujica sabe que está votando por alguien que nunca se estafó a sí mismo ni estafó a nadie. Y si analizamos un poquito esa autenticidad, tal vez la encontremos en el fondo de una cosa que algunos le llaman uruguayez. Esa cosa rara que a veces no sabemos que es, pero sabemos que existe cuando suenan los tamboriles, o aparece una murga en el escenario, o vemos unos gurises haciendo un picado, o entramos al Paraninfo de la Universidad o al Salón de los Pasos Perdidos…

Entonces, cuando alguien vota por Mujica sabe que vota por

alguien auténtico, alguien que no le está mintiendo, alguien que no le va a mentir. Esa autenticidad le da a José Mujica la popularidad que tiene. Esa autenticidad hace que, según datos de una encuesta reciente, sea el político uruguayo que cuenta con la mayor simpatía de la gente y la menor antipatía.

Hay candidatos que tienen una alta popularidad pero también un rechazo muy importante de la población. Esos, según datos de la realidad, nunca ganan una elección. En cambio, hay candidatos que tienen alta popularidad y poco rechazo. Esos son los que ganan las elecciones. Ese es el caso de José Mujica, confirmado por la percepción de la gente y por las encuestas…

TRECE

Estrategia para bajar a Mujica de la Presidencia

Quito, 7 de abril de 2009

El candidato oficial del Frente Amplio a la Presidencia de Uruguay, José Mujica es el único que puede ganar las elecciones nacionales de octubre en la primera vuelta.

En ciencia política, cuando estudiamos los procesos electorales en diversos países aprendemos que en las elecciones ganan aquellos candidatos o candidatas que además de tener una alta popularidad o simpatía en la gente, tienen una baja antipatía o rechazo.

A la hora de analizar un futuro proceso electoral, los niveles de simpatía y antipatía pueden ser, para un "politólogo", más importantes que la propia intención de voto.

De acuerdo a los datos de un estudio reciente, José Mujica es el único candidato que reúne las dos condiciones. Tiene una altísima simpatía en la gente (la mayor de todos los candidatos) y una bajísima antipatía (la menor lejos de todos los candidatos).

Hay otros candidatos que tienen una buena simpatía, aunque no como la de Mujica, pero acumulan además una alta antipatía. Ese es el caso del ex Ministro de Economía y Finanzas, contador Danilo Astori. Por lo tanto, de acuerdo a esos datos, de triunfar en la interna del Frente Amplio, sería muy difícil que pueda triunfar en la primera vuelta de la elección presidencial de octubre.

Los niveles de simpatía tan altos y de antipatía tan bajos hacen también que José Mujica sea el candidato con mayor posibilidad de atraer electores de otros partidos hacia el Frente Amplio. Los que ya se evidenció en las elecciones anteriores.

Sin embargo, hay una diferencia importante entre las elecciones pasadas y éstas: en el año 2004 Mujica todavía tenía cierta resistencia o rechazo en algunos sectores importantes de la población, lo que ya no ocurre desde hace más de dos años.

Esa realidad la conocen muy bien sus contrincantes de los partidos tradicionales, por eso saben que es mejor para ellos no tenerlo como contrincante en las elecciones de octubre. Entonces, faltando un tiempo prudencial, más de dos meses y medio de las elecciones internas, iniciaron el operativo para bajar la candidatura de José Mujica. En ese sentido, la mejor estrategia es atacarlo, buscando desprestigiarlo e intentando que reaccione. El ataque ha llegado de diversas formas y por diversos lados y es de esperar que aumente bruscamente en las próximas semanas con el intento de revivir viejos cucos y corriendo rumores falsos. Entramos en el instante del "todo vale". Los candidatos de los partidos tradicionales están convencidos que el momento para bajar a José Mujica está en las elecciones internas porque luego, con Mujica pierden.

Lamentablemente, dentro de esa estrategia de los partidos tradicionales, están jugando un papel bastante triste ciertos asesores y personas cercanas a Danilo Astori, quienes promueven un ataque a Mujica desde adentro del Frente, en una actitud bastante desleal y contraria a los principios de fraternidad que exige la democracia interna.

En la campaña electoral hacia las elecciones de 2004, el ex presidente y líder del Partido Colorado, Julio María Sanguinetti, inició una campaña de ataque a José Mujica, que luego fue reforzada por otros candidatos. De esa forma, Sanguinetti buscaba posicionar su sector dentro del Partido Colorado; reposicionar en parte a su partido en el panorama general para mejorar la correlación de fuerzas ante cualquier eventualidad de negociación electoral en una posible segunda vuelta; provocar temor en la denominada "votación blanda" del Frente Amplio para que cambie su voto; y finalmente, de yapa, provocar un corrimiento del electorado blando del Movimiento de Participación Popular hacia otros sectores del Frente, y más específicamente hacia Asamblea Uruguay, para cambiar en algo la correlación de fuerzas interna dentro de la izquierda.

Ahora el esquema es similar, solo que se inició antes de las elecciones internas. Con distintos intereses, las salidas de personajes tan inefables como Ignacio de Posadas y, Pedro Bordaberry, así como los "deslices" de alguna gente que apoya a Danilo Astori, se encuadran dentro de la misma estrategia: bajar a José Mujica de la candidatura presidencial.

Si José Mujica no cae en las provocaciones -aunque en determinados momentos responda con firmeza porque la tolerancia tiene ciertos límites-, sigue mostrando sus propuestas y llegando a la gente con su autenticidad, en octubre será el nuevo Presidente de los orientales, sin lugar a dudas. Y como la unidad en la diversidad sigue siendo una de las columnas fundamentales del Frente, Danilo Astori será el nuevo vicepresidente…

CATORCE

La sonrisa y la esperanza

Quitoz, 9 de octubre de 2009

Amargura, rabia, esas son las palabras que mejor definirían la realidad que viven ciertos políticos uruguayos; cierto ex presidente como Julio María Sanguinetti, cierto candidato presidencial como Luis Alberto Lacalle que, dicho sea de paso, no sé por qué, me hace recordar al cónsul de *Bajo el volcán*, la genial novela de Malcolm Lowry; y ciertos sectores que hasta el 2005 lucraron del poder en Uruguay.

En contraposición, a cientos de miles de personas les ha brotado una sonrisa franca, una sonrisa casi tan ancha como la esperanza, que al fin de cuentas en el Uruguay actual es sinónima de la sonrisa.

Desde hace muchos años que la sonrisa y la esperanza surgen una y otra vez, asoman en una esquina y se esfumaban en la otra, brotan desde el Plata y se ocultan en el puerto, amanecen en las Universidades y se desvanecen en los aeropuertos, caminan en la marcha y se arrepienten en las escaleras de los aviones, crecen en el oriente y llegan demasiado rápido a occidente.

Sin embargo, esa obstinada necesidad de vivir y sobrevivir, de desandar caminos y volver a caminar, de imaginar futuros y reconstruirlos después de cada golpe, de soñar días mejores y construir solidaridades, fueron construyendo el momento adecuado para que la sonrisa, o sea la esperanza, sean una imagen pensada en colectivo.

Qué es sino eso el Frente Amplio. Qué es sino eso el Plan Ceibal. Qué es sino eso esta pueblada que camina junto al Pepe Mujica. Qué es sino una imagen de la sonrisa y la esperanza pensadas en colectivo, pensadas en comunidad, piedra bruta desbastada y bosquejada entre todos. Por eso, nadie puede ser excluido ni autoexcluirse del camino, y mucho menos quienes en época de total sequía, sacaron el agua necesaria para que la sonrisa y la esperanza pudieran ir sobreviviendo.

Este es el momento fundamental en que quienes dudan, sepan que no pueden excluirse. Es el instante que esa gente de corazón progresista que todavía se ata al Partido Colorado o al Partido Nacional sepa que no puede ponerse a un lado del camino, porque el corazón batllista o saravista tiene un lugar en la mejor historia del país, y por eso debe tener un lugar trascendente en el futuro que se construye ahora, este 25 de octubre. Quien crea que debe esperar a noviembre para sumarse al futuro retrasa el provenir y, de alguna manera se excluye. Hoy, qué mejor síntesis de todas las divisas que la bandera de Otorgués.

En las elecciones de 2004, se vio una irrupción de los pueblos del interior que comenzaron a dejar de consumir política para pasar a construirla, fue la irrupción definitiva del interior como protagonista de la vida sociopolítica uruguaya. Uno de los que más contribuyó para que eso ocurra fue José Mujica, porque supo entender al interior, y lo entendió porque supo ser parte de él. Sin ideologizar de más, con teoría y con práctica, y con una gran dosis de sentido común. Comprendiendo que a la realidad hay que cambiarla desde la vida cotidiana, porque es ahí donde se empiezan a modificar las relaciones de poder, donde se empieza a construir un imaginario diferente, que a su vez ayude a construir una sociedad diferente. Con propuestas antes que con ataques.

Una campaña electoral como la que han propuesto Sanguinetti, Lacalle, y tristemente Larrañaga, que puso en el centro de su actuación el ataque a Mujica, encierra un desprecio al interior, un desprecio al diferente, al "otro". Es también, sobre todo, un desprecio a la historia que ayudaron a construir Leandro Gómez, Aparicio Saravia y José Batlle y Ordoñez entre otros.

Sanguinetti, Lacalle y Larrañaga están tan encerrados en sus intereses particulares, que desprecian al 'otro', desprecian al interior del país, y además lo subestiman porque su actitud busca asustar a los votantes del interior para que no voten por el Frente Amplio y para que no voten por quien más genuinamente los representa, que es sin duda Mujica. En su desprecio al interior, muestran la esencia de una forma negativa de hacer política, una forma con la que la mayoría de los uruguayos y uruguayas no está de acuerdo.

Ahora, desde que juntas, la sonrisa y la esperanza han logrado contagiar a cientos de miles, muchos que tienen algo menos que poco, otros que tienen lo necesario y tantos que saben que solo una mayor equidad produce tranquilidad, están convencidos que no podemos dejar que se apaguen. Hay mucho que hacer para que la sonrisa y la esperanza algún día sean sinónimas de total equidad, de libertad, igualdad y fraternidad. Pero sin duda, con José Mujica se profundizará el camino que inició Tabaré Vázquez para que la sonrisa y la esperanza sigan iluminando…

Si la sonrisa y la esperanza son ahora un peligro para los dueños y dueñas de las vitrinas y las motosierras, para Sanguinetti, Lacalle y Larrañaga, es porque son contagiosas Si los señores y señoras del miedo comienzan a temerles, es porque van ocupando todos los lugares del camino, pero sobre todo porque son una imagen en colectivo marchando en el camino.

Ojalá que los señores que desprecian el barro, no sigan poniendo sal en las heridas que van cicatrizando, no sigan promoviendo la exclusión del interior, pero, sobre todo, que quienes todavía dudan, finalmente el 25 de octubre voten contra la exclusión decididos a caminar en colectivo, nunca más que sonrientes, nunca más que esperanzados, nunca menos…

QUINCE

Uruguay consolida el cambio

Montevideo, 25 de octubre de 2009, 14h00

En un artículo que escribí el 9 de enero de 2008, durante una visita de más de un mes a Montevideo, anunciaba que el futuro Presidente de Uruguay sería José Mujica. Decía en aquella oportunidad que dentro de la realidad política del país y "ante la negativa de Vázquez de ir a la reelección, para lo que se necesitaría una reforma constitucional, Mujica aparece como posible candidato y posible futuro presidente, pero para eso tendrá que sortear el embate de la derecha que utilizará todas las mañas para golpear su posible candidatura".

En aquel momento muchos viejos compañeros se sonrieron incrédulos. Ni siquiera creían que Mujica podía llegar a ser candidato. Luego de dar las razones objetivas y subjetivas de aquel análisis, me dijeron "eso no es posible, el Pepe no va a ser candidato a la Presidencia". Sonreí, y dupliqué la apuesta. "El Pepe será el próximo Presidente", les dije.

Estos días, de regreso al país, varios de aquellos incrédulos compañeros me dijeron en forma entusiasta "ganamos en la primera vuelta". Sonreí, pero luego de analizar las encuestas de la semana anterior no me cerraban los números para un triunfo en primera vuelta.

Según mi análisis de esos sondeos el Frente Amplio llegaba a la mayoría parlamentaria, pero no pasaba el 50 por ciento de los votos para triunfar, aunque se desprendía que la victoria en segunda vuelta era segura. También se veía que los plebiscitos para anular la ley de impunidad que no permite el juzgamiento de muchos violadores de los derechos humanos, y el que aprueba el voto de los uruguayos radicados en el exterior podían alcanzar el 50 por ciento.

Hoy domingo 25 de octubre, a las 14h00 de Uruguay, luego de votar, recorrer diversos circuitos, conversar con jóvenes que realizaban encuestas a boca de urna y conocer sondeos de ayer, no tengo ninguna duda: José Pepe Mujica ya es el nuevo Presidente de Uruguay. Habrá que dar un paso más... pero ya es el nuevo Presidente.

En aquel artículo también decía: "El MPP, surgido del tronco del MLN-T (Movimiento de Liberación Nacional - Tupamaros) ha interpretado la realidad y se ha constituido en una especie de frente dentro del Frente Amplio, logrando abarcar todo el espectro histórico de la política uruguaya con bases de izquierda, blancas y coloradas progresistas, y presentado además ante la sociedad un sector moderado y uno más radical que son unificados por el camino y por la impronta marcada desde Mujica. En este momento, a dos años de las elecciones sigue siendo el sector mayoritario dentro del Frente con el 33 por ciento de preferencia del electorado de la fuerza gobernante, y tiende a crecer. Con un trabajo más acentuado de la militancia, el fortalecimiento de una imagen ética ante la opinión pública y una mejor comunicación con los jóvenes asumiendo su lenguaje y sus reivindicaciones, en un año puede pasar el 40 por ciento".

Sin Mujica, su candidato natural, encabezando la lista, porque dejó el MPP para ser un candidato de todo el Frente, este Movimiento estará seguramente por ese porcentaje. También señalaba que: "Encontrarse con un proceso que ha logrado cosas para destacar, como el juzgamiento a los dictadores Juan María Bordaberry y Gregorio Álvarez y otros connotados asesinos y violadores de los derechos humanos; el Sistema Nacional de Salud que da cobertura a toda la población; la inmunidad sindical y el fortalecimiento de los Consejos de Salarios; el Plan de Emergencia primero y el de Equidad ahora; la Reforma Tributaria; el apoyo a la producción nacional y el fortalecimiento de algunas empresas estatales fundamentales como ANCAP (petrolera estatal) o ANTEL (telefónica estatal); los acuerdos con Venezuela y el afianzamiento de las relaciones con ese país; la apuesta a una integración de América Latina; la próxima reforma de la educación con el fortalecimiento de la educación pública, laica, gratuita y obligatoria; la Ley de salud sexual; la Ley de reparación a ex presos y exiliados políticos; la futura Ley de Defensa que destierre totalmente la Doctrina de Seguridad Nacional y siente las bases para construir unas fuerzas armadas vinculadas a su pueblo; el apoyo a la producción nacional y a la creación de empleo; la Ley del Migrante; la Ley de Medios de Comunicación Alternativos; el trabajo del Ministerio de Agricultura apostando a las pequeñas economías agrícolas y el aumento del reparto de tierras a través del Instituto de Colonización".

Comentaba sobre las "contradicciones entre quienes quieren ir más allá de estos pequeños grandes logros y quienes se aferran a no profundizar los cambios" y agregaba que "el gobierno uruguayo no sabe comunicar y no tiene quien lo ayude porque la Secretaría de Prensa de la Presidencia demuestra falta de profesionalismo y de visión política para comunicar. Entonces el presidente Vázquez queda solo en medio de los medios y de las contradicciones".

Explicaba que "el Frente Amplio ha logrado interpretar la sociedad uruguaya integrando a distintos sectores con diversas miradas, pero con una acción unificadora de izquierda. Antes los partidos tradicionales blanco y colorado lograban mostrar una imagen de diversidad que en la realidad servía para construir la hegemonía de la derecha" y remataba asegurando: "En fin, este viaje me reivindicó al Uruguay y me dejó claro que falta mucho por hacer, pero hay que hacerlo, y aunque el camino está lleno de contradicciones, se está caminando, y eso es bastante aunque sea poco, porque al final de cuentas la vida es un soplo, y el período de un gobierno no es nada en la telaraña de la historia...".

Como decía hace dos años: "Mujica ha logrado consolidar la unidad del gobierno y del Frente incluso aceptando decisiones con las que claramente no estaba de acuerdo, demostrando dotes de conciliación y de estadista en un país sumamente politizado, en el que todo se discute".

¿Qué más se puede decir? Como hace dos años, sigo descubriendo y redescubriendo este paisito ubicado al oriente del río de los pájaros pintados... Con la certeza de que se consolida un proceso de cambios, pero que será necesario el apoyo y la crítica permanente de la gente, porque el cambio solo se construye en colectivo, con organización y movilización...

DIECISIES

De Mujica tal cual es… a Mujica tal cual NO es

Montevideo, 27 de octubre de 2009

El domingo 25 de octubre, al conocer los resultados de las elecciones nacionales, pensé en aquel artículo de Eduardo Galeano en el que describe a Uruguay como el país de las paradojas. Entre sábado y domingo el contagio colectivo nos llevó a muchos incrédulos a creer lo imposible si se analizaban las encuestas previas. No se necesitaba ser experto en ciencia política para ver la realidad.

Sin embargo, estas elecciones dejan muchas lecciones. Una es la evidencia del absurdo sistema electoral uruguayo. La paradoja de que el candidato más votado todavía no pueda ser Presidente. Con 48.2 % de los votos emitidos (casi 50 % de los válidos, sin blancos y nulos) y 20 % de diferencia sobre el neoliberal Luis Alberto Lacalle, segundo más votado, Mujica tendrá que disputar un balotaje. En cualquier país para ganar en primera vuelta se necesita superar el 50 % de los votos válidos o tener una diferencia del 10 % sobre el segundo.

En Uruguay la legislación electoral fue hecha para que la izquierda no llegara nunca al gobierno. Cuando la ley anterior comenzaba a ser pasada por arriba debido al crecimiento del Frente Amplio, se inventaron una reforma constitucional para robarle el triunfo, creando una segunda vuelta absurda, que solo sirvió para gastar dinero y arrebatarle el triunfo al FA en 1999. También de esa zancadilla se repuso el FA, pero postergó la esperanza. En esta elección, aunque ganará en segunda vuelta, sigue sufriendo la legislación electoral.

Del absurdo del sistema electoral es necesario pasar al absurdo de la campaña del Frente Amplio, que tuvo muchos errores y demostró falta de profesionalismo en su planificación y en el desarrollo de su estrategia. Si no fuera por la gente en los barrios, por los jóvenes, por la militancia de algunos sectores empujando la movilización, esos errores hubiesen quedado en evidencia.

Si vemos desde el punto de vista comunicacional y publicitario, la campaña del FA fue muy pobre, sin un mensaje claro, o mejor dicho con un mensaje que no tenía mensaje (¡vaya paradoja!) Un país de primera suena casi trivial. La idea de anclarse en los logros del gobierno no es mala, pero si no se fortalece el mensaje de que esos logros serán profundizados la idea queda a medio camino. La propuesta de continuidad sin profundización, sin cambio, muestra simbólicamente estancamiento.

Hay otros, pero el error más importante fue haber sacado del primer plano a José Mujica en las últimas semanas. Algunos argumentan que debía perder protagonismo tras el descontextualizado libro Pepe Coloquios, un texto hecho con mirada comercial desde la editorial que lo publicó, y después de las también descontextualizadas declaraciones del Presidente Tabaré Vázquez, cuando se refirió a Mujica sin estar informado del contexto en que se originó el libro. Del error del libro se pasó al error mayor de las declaraciones del Presidente, y de estos dos errores se pasó al error mayúsculo de restarle protagonismo a Pepe.

Pensando electoralmente en la segunda vuelta es fundamental un mayor protagonismo de Mujica a todo nivel. Es fundamental reivindicar al José Mujica estadista junto a un estadista de la talla de Luiz Inácio Lula Da Silva. No haciendo viajecitos a Estados Unidos o España, para reunirse con funcionarios de segunda. Un Presidente, porque Mujica ya es Presidente, solo puede reunirse con mandatarios. Solo así queda en el imaginario de la gente la idea de liderazgo. Es fundamental reivindicar al Mujica que recupera la mejor historia del país desde, la historia de Artigas, de Leandro Gómez, de José Batlle y Ordoñez, de

Aparicio Saravia. Es fundamental reivindicar al Mujica que irradia sabiduría entre estudiantes universitarios o en laboratorios. Es Fundamental reivindicar el Mujica popular, con una capacidad de comunicación con los de abajo que no tiene nadie en el FA, nadie. Es fundamental reivindicar al Mujica que maneja el sentido común como pocos conversando con el paisanaje en el interior. Es fundamental ver al Mujica que camina de barrio en barrio tomando mate con los montevideanos, siendo parte de la gente como siempre.

Si algo le ha dado credibilidad a José Mujica es el hecho de haber sido siempre él mismo. Si alguien le aconsejó callar por un libro y unas declaraciones presidenciales descontextualizadas, le aconsejó muy mal y demostró saber muy poco de campañas electorales. Ese grave error desdibujo al Pepe en los últimos días. Da la impresión que quisieron pasar de Pepe tal cual es a Pepe tal cual NO es. Esa grave equivocación no se puede volver a cometer en la campaña para la segundo vuelta.

La gente no quiere a Pepe tal cual NO es, quiere a Pepe tal cual es. La gente quiere a ese líder que ha demostrado ser José Mujica, no quiere un maquillaje. Para maquillaje esta Luis Alberto Lacalle, a quien su asesor de marketing le recomendó ponerse camisas sin corbatas con saco sport, aprender a decir la palabra chorro enfatizando y una palabritas populares para demostrar que puede bajar al pueblo desde una decadente aristocracia. La gente quiere un líder, que trabaja en colectivo sí, que sabe nutrirse de los equipos sin duda, que sabe complementarse con el vicepresidente obvio. Pero la gente en cualquier país, en cualquier departamento, en cualquier clase social, en cualquier barrio de Montevideo, quiere tener la certeza que quien dirige al país tiene capacidad de liderazgo por encima de quienes lo secundan, quiere tener la certeza de que el Presidente es el Presidente.

Los números indican que José Mujica ya es el nuevo Presidente de los Orientales y Orientalas. La segunda vuelta electoral confirmará esa realidad, pero es bueno no dormirse en las cuerdas y no volver a cometer los mismos errores...

DIECISIETE

Los medios de comunicación contra Mujica

Montevideo, 2 de noviembre de 2009

1. La calle y las tres patas de la mesa cuadrada

El porcentaje de votación obtenido por José Mujica en la Primera Vuelta electoral del 25 de octubre con 49.9 por ciento de los votos válidos, la diferencia de 20 puntos sobre el segundo más votado y la victoria sobre los partidos blanco y colorado sumados, lo colocan con el 99 por ciento de las probabilidades de vencer en segunda vuelta. Técnicamente el candidato neoliberal Luis Alberto Lacalle tiene el 1 por ciento de posibilidades de triunfar, y sobre esa chance montaron la campaña sus asesores. Primero estuvo el intento de identificar al candidato con la bandera uruguaya, copiando al Frente Amplio, que desde siempre y desde primera vuelta ubicó la bandera nacional junto a la de Otorgués, pero adelantándose a proponerlo en los muros de Montevideo. Después se intentó fortalecer una idea de individuo ponderado, equilibrado, mesurado y con capacidad de presentarse a nivel internacional. Conocida la mayoría parlamentaria frenteamplista vino la idea del equilibrio de poderes.

Esas tres brillantes ideas se podrían comparar con las tres patas de una mesa cuadrada. Para sostenerse en pie le falta la cuarta pata, que corresponde a la credibilidad necesaria de un candidato. Lacalle es un candidato poco creíble, con un amplio rechazo de la población, con una imagen de estancamiento de aristocracia decadente que llevó al país a la deriva, sin el respeto internacional que necesita el Presidente de cualquier país, pero mucho más de un país pequeño geográficamente pero grande por su historia y su cultura.

Para la mayoría de los uruguayos y uruguayas de cualquier partido, es poco creíble, que un candidato que propuso entregar las empresas uruguayas a extranjeros, e intentó por todos los medios la privatización generalizada, pueda representar la bandera del país.

Para buena parte de los uruguayos y uruguayas, es poco creíble, que un candidato que casi destruye su partido por no dialogar, por no ceder, por no ser tolerante, de un día para otro pueda representar la tolerancia y presentarse como un presidente capaz de dialogar.

Para los uruguayos y las uruguayas que conocen la historia republicana del país, es poco creíble que quien reivindicaba la necesidad de mayoría parlamentaria para que el Ejecutivo pudiese llevar adelante su programa de gobierno, con "gobernabilidad", ahora defienda lo contrario si no tuviese un interés personal atrás. Los tres argumentos sobre los cuales se basa la estrategia de Lacalle para la segunda vuelta son fácilmente desmontables por su alto grado de falacia y la poca credibilidad del candidato a nivel nacional e internacional.

Para la mayoría de los uruguayos y uruguayas, Lacalle es una persona de cuidar, de desconfiar. Por eso, sus asesores buscaron presentarlo para la primera vuelta como más cercano a la gente. La publicidad en la que aparece con su nieto bebé, por ejemplo, intentó mostrarlo como alguien vinculado a su familia, humano. Mientras que ponerle saco sport con camisa, sin corbata y sin traje, en el último tramo de la campaña buscó sacarle la imagen de conservador, de aristócrata decadente, y mostrarlo como un político liberal-progresista capaz de despojarse del corsé, de cambiar. La utilización de cierto lenguaje popular para referirse al tema de seguridad enfatizando al hablar en la palabra "chorros" buscó hacerlo más popular, conocedor de cómo tratar con los sectores delincuenciales con autoridad. La autoridad que no tuvo cuando se dio la huelga policial durante su gobierno, o cuando fue secuestrado el químico y agente chileno Berríos.

En el ámbito internacional, cuando uno habla con mandatarios, parlamentarios o diplomáticos latinoamericanos y europeos de diversos partidos, estadounidenses del partido demócrata y representantes de diversos organismos internacionales percibe claramente que ven a Lacalle como un resquicio de gobiernos neoliberales desprestigiados, inestables, con inseguridad jurídica y capaces de llevar a sus países a enfrentamientos internos como Carlos Menem, Collor de Melo o Alberto Fujimori.

2. Los medios y el Frente Amplio

Lacalle es un mal candidato, tiene todo para ser un mal Presidente y es un "producto" muy difícil de vender para cualquier marketinero. Sin embargo, el triunfalismo puede ser fatal para el Frente Amplio.

El inicio de campaña para la segunda vuelta del Partido Blanco mostró un trabajo mucho más profesional que el del FA, y más entusiasmo que en la primera vuelta. Pero además, los grandes medios de comunicación también están jugando su papel volcados totalmente a favor de Lacalle. A eso hay que sumar ciertas ingenuidades o errores comunicacionales en la campaña de Mujica y Astori. Por un lado hay una especie de corriente de todos los medios de comunicación de mostrar a Lacalle como un hombre responsable, aplomado, ecuánime. Eso se refleja en la forma de encarar las entrevistas y coberturas los reporteros, en la elección de los entrevistados, en el tiempo dedicado, en la ubicación de los entrevistados que apoyan al candidato neoliberal siempre después de los que apoyan a Mujica para mantener la última palabra, y en los comentarios de algunos reporteros. El discurso de un presidente equilibrado que propone el Partido Blanco ya ha sido asumido por los canales de televisión y varios periodistas que se sumaron a la campaña de apoyo a Lacalle, pero manteniendo una imagen de independientes. Los canales son tan poco independientes que llegan al colmo de presentar un personaje que desde hace mucho tiempo está vinculado a Lacalle, como recién salido del FA para apoyar al candidato derechista.

Lamentablemente, el Frente Amplio comete reiteradamente la ingenuidad de mostrar las cartas antes de jugar o de aceptar reglas de juego impuestas. De eso se aprovechan los medios de comunicación que trabajan para la fórmula neoliberal y los propios candidatos derechistas. Los días previos a la primera vuelta, cuando eran entrevistados los presidenciables, siempre iban primero los frenteamplistas y luego los blancos, dejando la imagen de la última palabra a éstos, así fuesen programas grabados. Algo similar ocurre ahora con las entrevistas a legisladores o representantes del FA. También hay debates que se presenta un representante frentista contra dos blanquicolorados.

Desde ahora en adelante Mujica no debería aceptar ninguna entrevista en la cual aparezca primero que Lacalle en el mismo canal. Los representantes frentistas deben utilizar la misma estrategia. Tienen que imponer el hecho de ser los más votados. Los representantes del FA tampoco pueden ir a debates en los que están en minoría. Y además deben prepararse mejor para no estar a la defensiva, es fundamental siempre estar a la ofensiva. En política estar a la defensiva cuando se va ganando es perder. Mucho más en una campaña electoral.

3. La telenovela del debate

Cuando las elecciones internas, el Frente Amplio cometió el error de salir a los medios desorganizadamente antes que el directorio del Partido Blanco. Ese mismo error ampliado se produjo el 25 de octubre cuando se hizo una conferencia de prensa antes de agradecer a la gente que esperaba fuera del hotel Columbia, creando una imagen de derrota amplificada por los medios de comunicación. Además se habló previo a los otros candidatos y a que existiesen datos más fidedignos sobre la elección, algo que cualquier campañista mínimamente profesional hubiese aconsejado no hacer.

Cualquier manual primario hubiese aconsejado salir primero a la gente a posicionar el discurso de que el FA es la primera fuerza política del país, que los datos señalaban una clara tendencia a la mayoría parlamentaria y fortalecer el ánimo de lucha, de esperanza, de alegría, sin hacer ninguna rueda de prensa. Remarcar el compromiso histórico de la fórmula presidencial con la historia del país, reivindicando desde Artigas a Batlle y Ordoñez y Saravia.

El hecho de salir solo con la bandera uruguaya fue una copia de algo que ya había utilizado Jorge Batlle, un tipo de recurso que sirve una vez y en un contexto determinado. Era necesario remarcar la utilización de la bandera uruguaya junto a la de Otorgués. Lo que finalmente se hizo. La participación del maestro de ceremonias, como en el acto final, mostró también una desvinculación de la gente, un alejamiento del discurso de la gente, de las consignas de la gente.

José Mujica introdujo en la política la transparencia, la sinceridad, la ponderación, la tolerancia y la honradez reflejada en su vida. Por eso ha sido creíble. Sin embargo, la pobre campaña electoral no ha sabido resaltar esas virtudes. Luis Alberto Lacalle introdujo en la política la duda, la inseguridad, la arrogancia y la decadencia cultural. Por eso es poco creíble. Sin embargo, su campaña busca trasladar las virtudes de Mujica hacia él, y los medios ayudan. También ayudan a transformar un posible debate en una telenovela que dé algunos réditos a Lacalle.

El debate de fórmula es una opción que se cae sola. En una campaña electoral o se acepta o no se acepta un debate, pero no se inventa una opción intermedia porque finalmente se puede volver contra. Mujica no debía aceptar ni solo ni con la fórmula un debate, por múltiples razones. Pero la fundamental es que en ningún debate televisivo se puede profundizar sobre los temas que realmente le interesan al país, sobre los temas que hacen a la gestión de un gobierno o de un proyecto de desarrollo. Por el poco tiempo que duran, por la realidad mediática que se impone, en los debates televisivos triunfa siempre la superficialidad, los candidatos superficiales que saben repetir muletillas que queden en la memoria de la gente. Entonces los debates se transforman en shows.

Pero además, un candidato creíble y popular como José Mujica nunca debe debatir con un candidato poco creíble como Luis Alberto Lacalle, nunca debe prestarse para el show mediático, porque además electoralmente no lo necesita. Lacalle y Larrañaga necesitan un punto de quiebre para cambiar el rumbo y por eso, luego de crear una telenovela sobre el debate, seguramente aceptarán debatir con la fórmula. Si no lo hacen sería un error electoral. No les queda otra posibilidad. No tienen nada que perder. En caso de que acepten, el Frente Amplio debe imponer las reglas de juego. Un debate sirve a la ciudadanía si se profundiza sobre todos los temas. Para profundizar cada tema es necesario tratarlos con el tiempo adecuado. Para tratar todos los temas, con el tiempo adecuado, con la participación de las fórmulas, y dejando el show a un lado, se necesitaría muchas horas que ningún Canal de televisión estaría dispuesto a ceder.

4. Sobre popularidades y comunicación política

Luego de conocidos los resultados de la primera vuelta electoral, muchos se preguntaron, por qué el candidato frenteamplista tuvo el 49.3 por ciento de los votos válidos, cuando el gobierno tiene una popularidad mucho mayor.

En América Latina y el mundo hay muchos ejemplos de gobiernos con popularidad que, sin embargo, los candidatos presidenciales de sus partidos reciben menor votación. Incluso presidentes de gobiernos con alta popularidad cuando van a la reelección tienen votación inferior a su propia popularidad. Eso está más que estudiado en ciencia política, y ocurre porque mucha gente puede considerar a un gobierno como bueno pero no necesariamente lo considera suyo, no necesariamente lo considera propio, y por lo tanto no votará por él candidato del partido de ese gobierno, así sea el propio presidente.

La popularidad de un presidente y de un gobierno, atraviesa distintas variantes que la popularidad de un candidato presidencial, que además debe enfrentar las vicisitudes de una campaña. Si Tabaré Vázquez hubiese sido candidato a la presidencia no hu biese tenido un porcentaje de votos similar al que dicen las encuestas de popularidad. Uno de tantos ejemplos es el de Ecuador donde el Presidente Rafael Correa que tenía más del 70 por ciento de popularidad, en las elecciones de abril pasado tuvo poco más del 50 por ciento de los votos, veinte puntos menos, aunque igual se reeligió en primera vuelta. Pasadas las elecciones, él y su gobierno siguieron con una popularidad mayor al 70 por ciento. Algo similar ocurre en Brasil.

En diciembre de 2007 y enero de 2008, cuando dije que José Mujica sería el futuro Presidente de Uruguay y muchos sonrieron, señalaba que el grave problema del gobierno uruguayo era que no comunicaba o no sabía comunicar sus logros. Eso no cambió durante año y medio y recién en los últimos seis meses se intentó empezar a mostrar los muchos logros. Es imposible mostrar los logros de cuatro años y medio en seis meses. Actualmente es necesario que los gobiernos tengan una comunicación política adecuada desde el momento en que asumen. Las herramientas de la comunicación y la ciencia política como parte de un proyecto de cambio son fundamentales para que la gente pase de creer que un gobierno es bueno a sentirlo como suyo, como propio. Pase de consumir política a elaborar política, a participar. Así los ciudadanos y ciudadanas dejan de ser espectadores y se transforman en protagonistas. Ahí está el detalle, ahí está la diferencia...

En todo caso, a pesar de la mala campaña, de los medios, de la comunicación, del dinero atrás de la campaña lacallista, finalmente José Mujica será Presidente gracias al buen gobierno frenteamplista, a sí mismo, a la fórmula presidencial y, sobre todo, a la gente. La mayoría de los uruguayos y uruguayas votó el 25 de octubre y votará el 29 de noviembre por Mujica tal cual es, no por un Mujica inventado, y no votará por Lacalle tal cual es ni por un Lacalle inventado.

Dieciocho

Ex presidentes complotados

Montevideo, 5 de noviembre de 2009

Si hacemos un recorrido por la prensa uruguaya de los últimos treinta años, podemos observar que cuando se han unido en la misma acción Julio María Sanguinetti, Luis Alberto Lacalle y Jorge Batlle ha sido para enlodar la política del país, para enlodar al país.

En estos días, luego de sellar un nuevo pacto los tres políticos iniciaron juntos la campaña electoral para la segunda vuelta, con miras a golpear al candidato del Frente Amplio, José Mujica, y parar el proceso de cambios que vive Uruguay.

Primero fue Sanguinetti, quien salió a la televisión con una sonrisa para señalar los supuestos peligros de que llegue a la presidencia el líder frenteamplista. Además de su pasaje pedido por televisión realizó una conferencia ante algunos ciudadanos y ciudadanas del Partido Colorado, que en realidad eran poco menos que su familia, para profundizar en sus conceptos anti Mujica.

Sanguinetti pierde las cejas pero no las mañas, y sigue manejando a su antojo su Partido, incluido Pedro Bordaberry, a pesar de no representar políticamente ni a su familia.

Tras su aparición hizo irrupción Jorge Batlle, siempre segundón de Sanguinetti, primero a través del semanario Búsqueda y luego en otros medios. Pero Búsqueda merece un destaque por su "estilo periodístico" similar al que utilizaba la DINARP (Dirección Nacional de Relaciones Públicas de la Dictadura) en sus comunicados. Ya que al periódico le gustan las interrogantes: ¿Cuál será la vinculación periodística?

Batlle ingresó en la campaña poniéndole más lodo que Sanguinetti para no quedar tan atrás. Intentó involucrar al contador Saúl Feldman, quien tenía un arsenal militar y se enfrentó con la policía hace algunos días, con el dirigente tupamaro Julio Marenales y el candidato presidencial José Mujica. Sin mostrar ninguna prueba, y solo planteándose interrogantes recogidas por Búsqueda.

Acto seguido, Lacalle habló del "caso Feldman" como un hecho vinculado al terrorismo. Paralelamente, un canal de televisión, en su intención de desinformar, mientras mostraba decenas de videos encontrados en la casa del contador, se detuvo en uno que contiene el discurso de Fidel Castro. Al mismo tiempo comenzaron a circular mensajes vía correo electrónico intentando vincular a Feldman con estrategias tupamaras.

En la actualidad nada es casual en una campaña electoral. En el ámbito internacional y en muchos sectores de la población uruguaya, los tres ex presidentes pueden causar risa, pero la estrategia no está dirigida a esas personas, sino a un reducido núcleo de uruguayos y uruguayas cuyo voto está en disputa.

La campaña presidencial en Uruguay entró en una etapa de ataque al candidato izquierdista José Mujica. La estrategia de guerra sucia del candidato Lacalle busca crear temor en la población y restar votos al presidenciable frenteamplista hasta empardar algo las encuestas que, según la empresa Factum ubican a Mujica con 49 % de la intención de voto, a Lacalle con 42 % y 9 % de indecisos.

Solo falta que en los próximos días exista algún supuesto atentado a un local del Partido Blanco y otro a uno del Partido Colorado, para que Larrañaga, no Lacalle, salga a pedir explicaciones al Frente Amplio. En esta etapa no es imposible pensar en algún auto-atentado que busque culpar a partidarios del candidato frentista.

Los tres ex presidentes y su gente, están asesorados por buenos profesionales en campañas electorales. Saben que en una situación de desventaja es necesario ensuciar la cancha primero, posicionar la necesidad de un debate y apostar a un "golpe de efecto" en los días previos a la elección. Un golpe de efecto que podría llegar a través de denuncias inventadas de corrupción vinculando al gobierno. Incluso, funcionarios con cargos importantes en entes estatales, que ganan altos salarios, vinculados con los partidos Colorado y Blanco, ya están circulando vía correo electrónico denuncias falsas contra el gobierno.

Buscan, obviamente primero que gane Lacalle, pero si eso no es posible, por lo menos mantener una mínima diferencia. Así, en un futuro intentarán posicionar la idea de que representan a la mitad de la población, contando una base mayor para presionar de diversas formas al futuro gobierno.

El complot está montado y no termina en la elección del 29 de noviembre. Prestarse para un debate electoral en estas condiciones sería caer en el juego de la fórmula blanca, algo que, creo, ya está asumido por el Frente Amplio.

No es casualidad que los tres ex presidentes, quienes tienen, entre otras cosas, buenas "jubilaciones" para proteger, actúen coordinadamente en esta campaña. Pero Búsqueda, en su interés periodístico al estilo DINARP, podría también haberse preguntado por esa casualidad.

Con la misma curiosidad investigativa podría además preguntar: ¿El contador Feldman tenía alguna relación con Jorge Batlle? ¿Tenía alguna vinculación tal vez con su Secretario Personal? ¿Tenía quizá relación con algún familiar o entenado? ¿Tenía alguna relación con el lacallista Ignacio de Posada? ¿Tenía alguna vinculación con el contador Braga? ¿Tenía alguna relación con el financiamiento de la campaña electoral de Luis Alberto Lacalle? ¿Qué relación tenía con la lista 71 del herrerismo?

De la misma manera que Batlle argumenta con el absurdo y dice solo estar haciendo preguntas porque es sano para la democracia que se desvirtúe cualquier vinculación de la izquierda con el caso, se puede argumentar que es sano para la democracia y la estabilidad financiera que se desvirtúe cualquier relación de Feldman con alguna Sociedad Anónima Financieras de Inversión (SAFI) vinculada a De Posadas, o con la quiebra del Banco Comercial o con los negocios de Luis Alberto Lacalle. También sería sumamente saludable para el sistema electoral uruguayo, y para la democracia en general, que Lacalle transparente quiénes financiaron y financian su campaña.

Pero sería más saludable para el futuro del país que los tres ex presidentes dejen de ensuciar la cancha, dejen de practicar el terrorismo político, sean un poquito más transparentes en sus acciones, y se retiren definitivamente a cuarteles de invierno. José Mujica será el nuevo Presidente del Uruguay, sin recurrir a las estrategias utilizadas por los tres ex presidentes. Pero ellos, Búsqueda, y los grandes medios de comunicación seguirán haciendo, desesperadamente, su trabajo, y no hay que subestimarlos.

DIECINUEVE

Los hombres libres y la ética electoral

Montevideo, 10 de noviembre de 2008

El domingo 8, mientras caminaba por la avenida Ramón Anador, me encontré con un pequeño acto de la lista 71 del Partido Nacional en el que estaban reunidas unas 25 o 30 personas para escuchar al diputado Jaime Trobo.

El audio alto invitaba a oír a los vecinos que no concurrieron y decidí escuchar. Trobo puso énfasis en el caso del contador Saúl Feldman, quien tenía un arsenal militar y se enfrentó con la policía hace algunos días. Buscó vincularlo con el Movimiento de Liberación Nacional – Tupamaros y con el candidato presidencial José Mujica, sin mencionar ninguna prueba de sus afirmaciones.

Tras descalificar al gobierno del Frente Amplio aseguró que no había interés de hacer conocer a los uruguayos y uruguayas toda la información sobre el "caso Feldman" antes de la segunda vuelta electoral del 29 de noviembre, y afirmó que no se quiere decir todo lo que está atrás "de esa tatucera o berretín o como le quieran llamar".

Ninguna de las palabras utilizadas fue por casualidad. Todas fueron pronunciadas de acuerdo a un libreto, a un guión establecido, sabiendo muy bien el efecto que podía provocar en los que oían desde sus casas. Era un episodio más de una estrategia de campaña electoral basada en un montaje político-mediático sin ética que también tiene escenas reservadas a los pequeños actos blancos o colorados como el que participó el legislador.

Las expresiones de Jaime Trobo demostraron una total falta de ética. Recordé entonces un libro del legislador electo del Partido Colorado Fernando Amado, en el cual se ubica al dirigente blanco como parte de los hombres libres, lo que me cuesta creer. Los verdaderos hombres libres, aquellos que trabajan en la construcción del templo social, que saben del valor de la palabra y conocen el profundo significado de la acacia, siempre basan sus acciones en la ética.

Las palabras de Trobo como las acciones de Jorge Batlle, Luis Alberto Lacalle, Julio María Sanguinetti y el Partido Nacional en la campaña para la segunda vuelta electoral, no son dignas de los hombres libres porque no se rigen por la ética.

Los hombres libres pueden tener visiones políticas encontradas, convicciones religiosas disímiles, pero siempre respetan la mirada de los otros. El camino hacia la libertad, la igualdad y la fraternidad se construye con tolerancia y ética o no se construye. Batlle, Lacalle, Sanguinetti y la dirigencia del Partido Nacional al ensuciar la campaña electoral con el objetivo de obtener réditos personales, colocan al Uruguay republicano en una encrucijada que, dependiendo de cómo salgamos, puede llevar a un camino sin retorno. O seguimos, como quiere la mayoría de la población, en la construcción de la política como una manifestación de la ética, o nos desviamos hacia la política como una manifestación de la codicia y el interés de unos pocos.

La sabiduría del pueblo, que sigue siendo el mayor estratega, el 29 de noviembre seguramente optará por salir de la encrucijada eligiendo el camino de la ética.

Si es verdad lo que dice el libro mencionado sobre la supuesta condición de hombre libre de Jaime Trobo, de acuerdo a sus acciones es imposible reconocerlo como tal. Pero como todos tienen la posibilidad de rectificar, todavía puede hacerlo públicamente antes del 29. Lo contrario demostrará que es solamente un punto fuera del triángulo.

En todo caso, más allá de los eslabones que, con sus acciones, se colocan por fuera de la cadena de la unión, tal vez sea el momento adecuado de hacer un llamado fraternal a los verdaderos hombres libres para que, más allá de su apoyo a un candidato presidencial, exijan una campaña electoral en que la política sea una manifestación de la ética. Así estaremos reivindicando el camino de otros hombres libres que construyeron la historia de este país y de la América, como Leandro Gómez, para recordar solo a uno que asumió la política como una manifestación de la ética…

Veinte

Apuntes para una Carta a un Presidente Compañero

Montevideo, 29 de noviembre de 2009

Querido Compañero José Mujica, Viejo Pepe:

Hay sensaciones y sentimientos encontrados en estas horas. Pienso en la bandera gigante de Otorgués que llega por Ejido a la vieja playa Ramírez de tantos encuentros y desencuentros en mi mundo de gurí. Cientos, miles de banderas. La luna asoma y la brisa trae un aire fresco como el que trajeron los jóvenes a esta campaña electoral. Los jóvenes han dado una lección, tantas veces aprendida y desaprendida: no se puede ir ni atrás ni adelante del pueblo hay que caminar a su lado.

Ver a Galeano conversando contigo la noche previa a la elección, en un local lleno de gente de diversos países de la América de acá abajo, y sentir que están ahí es como reivindicar al Uruguay. Eduardo es parte de la mejor imagen del país. Más que cualquier Ministro o embajador, parte del Uruguay respetado y admirado en el exterior. Ver al pueblo este domingo en las calles, un pueblo que te siente parte suya. Ver a varios compañeros y compañeros que pudieron estar para vivirlo con los ojos brillantes. ¡Cuántas lágrimas de emoción surgieron de nuestros ojos, de nuestro corazón y de nuestro recuerdo este domingo!

Nunca mejor remarcar, como lo hiciste que esta batalla la dieron tantos compañeros y compañeras anónimos que no se ubicaron para la foto a la hora del triunfo, y que ellos debían estar en el estrado. Allá por enero cuando tantos dudaban que pudieras ser candidato escribí en un artículo, recurriendo a Hegel, que reunías entorno a ti diversos elementos simbólicos que te colocaban como parte indisolublemente ligada al espíritu de la época. El espíritu de la época lo construyen los pueblos.

Hay momentos que los pueblos dan un paso atrás y dejan que los apurados corran. Entonces, esos apurados creen que van rápido, buscando atajos, y se asemejan a un caballo desbocado. Finalmente los menos apuraditos, que venían atrás, llegan junto a los pueblos.

Hay momentos que los pueblos se cansan de esperar a los que se retrasan demasiado, a los que creen que el camino es parte de la burocracia. Entonces les pasan por arriba y se desbocan, se rebelan, dejan de creer. Aquellos que se quedan siempre atrás, ven que la gente se va, se aleja y puede desbocarse. Entonces gana la derecha. Ahí se preguntan qué hacer sin la gente y maldicen a la gente...

Hay un momento para iniciar los cambios y otro para profundizarlos. La profundización de esos cambios se debe hacer en el momento adecuado, ni antes ni después. El momento en que la gente acompaña construyendo su futuro, creando y recreando el sueño individual y colectivo. Hay que saber que la gente te puede acompañar pero no significa que vaya contigo construyendo la realidad. Hay que saber entender cuando la gente va junto a ti ayudando a crear y recrear ese sueño individual y colectivo, del cual un gobierno puede ser una partecita nomás, y cuándo solo te acompaña sin involucrase en el camino.

Qué hubiese sido esta campaña sin esa gente joven que llamó a defender la alegría. Sin la gente que se jugó a pesar de quienes creen que el camino es una caja bien cuadrada, quieta armadita institucionalizada, casi tanto como el local central del Frente Amplio. Qué hubiese sido de la gente si vos no hubieses revivido la esperanza. Qué hubiese sido de vos sin la gente y sin la esperanza.

La elección Compañero, Viejo Pepe, te coloca en un enorme compromiso. Nadie tiene un compromiso tan grande con la gente como vos, y casi-casi no tenés derecho a fallar. Ningún Presidente ha tenido un compromiso tan grande. Es dura la mano, pero es así compañero.

Es así por toda tu historia, la de todos los momentos. Es así por todos los que no están y se jugaron para que este país y la América de acá abajo sean algo mejor, algunos dejando su vida muy jóvenes, tan jóvenes como esos que hoy dieron vuelta la campaña. Es así porque la América Latina tiene cifrada una gran esperanza en vos. Es así porque los orientales y orientalas ven que vos sos casi- casi una fotografía de la esperanza.

Compañero, un gobierno se construye con pasión, con razón y con eficiencia. Pero ningún gobierno progresista se construye sin la gente.

Este tiempo es un tiempo para soñar, para reforzar la esperanza, para construir utopías, mañana será un tiempo para que los sueños, las esperanzas y las utopías se empaten con la realidad. Nunca te olvides que vos pasas pero la gente sigue, ahí atada a una historia que las escriben quienes sobreviven, atada a una esperanza posible, atada sus sueños de futuro.

Viejo Pepe, no dejés que se extravíe la esperanza. Menuda tareíta te toca. Pero así es la vida. Seguramente la vas a enfrentar como la enfrentaste siempre, buscando y rebuscando que este paisito sea un poco mejor, un poco más igual, un poco más de todos y de todas.

En estas horas, recordando a mi hermano Enrique, que cayó pensando-haciendo la revolución; pienso también en ese enorme desafío de lograr que los jóvenes no queden en el camino. Quedarse en el camino ya no es encontrar la muerte en un enfrentamiento, es cansarse de las piedras que ponen burócratas viejos y jóvenes. Quedarse en el Camino puede ser irse del país para ser extranjero en todos lados, incluido el paisito porque no se tuvo el lugar necesario para seguir en el camino. Quedarse en el camino no es solo la falta de un trabajo, es la falta de un espacio de participación donde opinar y decidir, donde ayudar a construir el camino, sin ser solamente utilizados...

Ahora, recordando a Raúl Sendic siempre, el joven y el viejo

Raúl. Aquel del que tanto aprendimos, y del que seguimos aprendiendo. El Raúl de las marchas cañeras y los análisis económicos dando luces. El Raúl de la dignidad, quedándose en el país cuando podía haberse ido como lo dijiste alguna vez. El Raúl que apostaba a los jóvenes, al verdadero compromiso y la creatividad de los jóvenes. Ahora, recordando tu propio camino querido compañero, Viejo Pepe, ahora es un buen momento para decirte como siempre, que Habrá Patria para Todos, seguramente que Habrá Patria para Todos…

TÉRMINOS

Aparicio Saravia. Caudillo del Partido Blanco o Nacional. Vinculado a la realidad rural del Uruguay, lideró la Revolución de 1904.

Asamblea Uruguay. Agrupación política liderada por Danilo Astori. Creada en la década del 90 es integrante del Frente Amplio.

Banco Comercial. Banco quebrado y llevado a salvataje, con la consiguiente pérdida para el Estado.

Boliche. Bar o Cafetería.

Botnia. Empresa finlandesa procesadora de celulosa. Es una de las más grandes del mundo en esa área. Instaló una planta en el Departamento de Río Negro, sobre la margen uruguaya del río Uruguay, tras desistir de hacerlo en la margen argentina. Su instalación provocó un largo conflicto con Argentina que llevó al corte de uno de los puentes que une a los dos países por parte de pobladores argentinos. El conflicto fue llevado a La Haya. Diversos intereses económicos de un lado y otro, pusieron el tema como un problema entre los dos países. Sin embargo, no se abrió un debate sobre el modelo de desarrollo que implica la instalación de este tipo de plantas.

Blanquicolorados. Expresión que se utiliza para mencionar a los gobiernos de los Partidos Blanco y Colorado.

Búsqueda. Semanario de derecha.

Candidato oficial. Es el candidato presidencial elegido por el Congreso del Frente Amplio, que luego es ratificado por la ciudadanía en las elecciones internas que en Uruguay son simultáneas en todo los partidos. En el Congreso de fines de 2008, Mujica fue elegido Candidato Oficial, sin embargo aceptó no ir como único candidato a las elecciones internas. Por lo tanto se abrió a que Danilo Astori también participara.

Comité de Base Primero de Mayo. Los Comités de base son la unidad organizativa del Frente Amplio en los barrios y pueblos de Uruguay. El Comité Primero Mayo es uno de esos Comités del barrio Buceo de Montevideo. Allí compartimos militancia algunos años con queridos /as compañeros y compañeras de distintos partidos del FA.

Congreso del Frente Amplio. Es la máxima autoridad del FA con representación de los Comités de Base y Coordinadoras de todo el país. Elige a las autoridades del Frente y al candidato oficial a la Presidencia de la República. Además aprueba el programa de gobierno que debe defender el candidato presidencial, y los documentos de táctica y estrategia.

Canelones. Departamento de Uruguay limítrofe con Montevideo. El más poblado luego de la capital.

Corriente de Izquierda. Sector de Izquierda radical fundado por ex militantes y personalidades del Movimiento de Participación Popular y del Movimiento de Liberación Nacional- Tupamaros.

Daniel Martínez. Con una importante militancia sindical, fue dirigente del Sindicato de ANCAP (Administración Nacional de Combustibles Alcohol y Portland; Petrolera estatal), integrante del Comité Central del Partido Socialista y Ministro de Energía. En las elecciones de 2009 se eligió Senador.

Daniel Viglietti. Cantautor uruguayo reconocido internacionalmente como uno de los líderes de la Canción Protesta en América Latina.

Danilo Astori. Ministro de Economía y Finanzas del Gobierno de Tabaré Vázquez (2005-2006). Considerado por diversos analistas como progresista en lo político y conservador en lo económico. Fue propuesto por Tabaré Vázquez como candidato a la Presidencia del Frente Amplio en las elecciones de 2009, pero perdió las elecciones internas con José Mujica. Finalmente Mujica le propuso ser su candidato vicepresidencial. El equipo que lleva adelante la política económica del gobierno uruguayo responde a él.

Dictadura Cívico-militar. Se denomina a la dictadura que se instauró con el golpe de Estados dado por los militares en 1973 y se extendió hasta 1985. Si bien las Fuerzas Armadas asumieron el poder, lo hicieron en alianza con sectores políticos de la derecha. Incluso tras el Golpe mantuvieron al Presidente Juan María Bordaberry para que terminara los años de su mandato tutelado.

DINARP. Dirección Nacional de Relaciones Públicas de la Dictadura. Encargada de emitir los partes mediante los cuales se daban a conocer supuestos enfrentamientos luego de asesinatos políticos cometidos por las fuerzas armadas o la policía.

Doctrina de Seguridad Nacional. Doctrina represiva que regía a las fuerzas armadas latinoamericanas bajo la égida estadounidense.

Eduardo D'Angelo. Actor cómico uruguayo de radio y televisión.

Eleuterio Fernández Huidobro. Dirigente tupamaro, rehén de la dictadura, escritor, ex senador y actual Ministro de Defensa.

Enrique Joaquín Lucas (Mi hermano Enrique). Hermano mayor del autor.

Militante del Movimiento de Liberación Nacional Tupamaros. Permaneció detenido en el Penal de Punta carretas entre 1970 y 1971. Fue desterrado a Chile. Luego de pasar por Cuba, en 1973 en Buenos Aires, representando al MLN-T, fue fundador de la Junta de Coordinación Revolucionaria (JCR), junto a representantes del MIR (Movimiento de Izquierda Revolucionario) de Chile, ERP (Ejército Revolucionario del Pueblo) de Argentina y ELN (Ejército de Liberación Nacional) boliviano. En 1975 se incorporó a la dirección del ELN en Bolivia. En 1976 su compañera Graciela y su hija Carla de 9 meses, fueron detenidas y trasladadas a Argentina donde luego de permanecer en una cárcel clandestina fueron desaparecidas. Carla fue encontrada en 1985 en poder del segundo del grupo paramilitar argentino Triple A (Alianza Anticomunista Argentina). Graciela permanece desaparecida. En septiembre de 1976, luego de un intenso tiroteo con el ejército, Enrique fue herido. Según algunas versiones murió en el enfrentamiento, según otras fue detenido herido y puede haber muerto en la tortura.

Fernando Otorgués (la bandera de Otorgués). Líder del Gobierno revolucionario artiguista de 1815. Su bandera fue asumida como símbolo del Frente Amplio.

Foro Batllista. Sector liderado por el ex Presidente Julio María Sanguinetti dentro del Partido Colorado.

Frente Amplio. Frente político con características de Movimiento y Coalición, fundado en 1971 e integrado por la mayoría de los partidos y sectores de izquierda y progresistas de Uruguay.

Gregorio Alvarez. Uno de los generales con mayor poder dentro de las Fuerzas Armadas antes y durante la dictadura. Se auto-nombró Presidente en 1981 y estuvo hasta 1984. Fue juzgado y condenado por múltiples violaciones a los derechos humanos en 2009.

Gurí. Niño o joven en lenguaje del campo uruguayo, argentino y del sur de Brasil

Ignacio de Posadas. Ministro de Economía durante la presidencia de Luis Alberto Lacalle (1989-1995) del Partido Nacional. Defensor del modelo neoliberal. Tuvo diversas denuncias de irregularidades durante su gestión.

Intendente. En Uruguay gobernador de un Departamento.

Jaime Trobo. Diputado derechista de la Lista 71 del Partido Nacional. Reconocido públicamente como masón, ha sido cuestionado dentro de la propia Masonería.

José Batlle y Ordoñez. Presidente de Uruguay en los períodos 1903 - 1907 y 1911 - 1915. Fue el impulsor del Uruguay moderno. Separó la Iglesia del Estado poniendo bases al laicismo del Uruguay actual, estatizo los ferrocarriles en manos inglesas, impulsó la industrialización del país. Salvando las realidades históricas de cada país, cumplió un papel similar al de Eloy Alfaro en Ecuador.

Juan María Bordaberry. Presidente de Uruguay en el periodo 1971-1976. Gobernó en alianza con los militares. Durante su gobierno se produjeron múltiples violaciones a los derechos humanos, desapariciones y muertes extrajudiciales por parte de grupos parapoliciales. Recién durante el gobierno de Tabaré Vázquez fue juzgado por las violaciones a los derechos humanos y condenado a reclusión domiciliaria por su edad.

Julio María Sanguinetti. Fue ministro de Educación durante el Gobierno de Juan María Bordaberry. Propició la intervención en la Universidad de la República violando su autonomía. Fue elegido Presidente en 1984 al término de la dictadura, cuando sus principales rivales políticos como Wilson Ferreira Aldunate del Partido Nacional y Líber Seregni del Frente Amplio estaban proscriptos. Durante ese período impulsó la Ley de Caducidad que dejaba en la impunidad los crímenes cometidos por la Dictadura. Si bien internacionalmente ha mantenido un discurso socialdemócrata, sus políticas fueron de derecha. Volvió a ser Presidente entre 1995 y 1999.

José Artigas. Líder independentista uruguayo. Fue el primer líder de la gesta emancipadora con ideas luego consideradas socialistas. El primero en reivindicar la necesidad de una profunda reforma agraria en América.

Jorge Larrañaga. Político del Partido Nacional, candidato a Presidente en 2005 y a vicepresidente en 2009.

Jorge Batlle. Político derechista del Partido Colorado. Denunciado por irregularidades financieras en la década de los 60. Presidente en el período 2000-2004. Durante su presidencia se produjo una de las mayores crisis económicas del país.

Julio Marenales. Fundador del MLN-T. Rehén de la Dictadura. Fue unos de los líderes tupamaros fundamentales en la reorganización de su movimiento al terminar la dictadura. Nunca quiso ocupar un cargo público. Es uno de los dirigentes más respetados del MPP, considerado por muchos como un radical y una reserva ética de la política uruguaya.

Lista 71-Partido Nacional. Uno de los sectores más a la derecha dentro del Partido Nacional o Blanco.

Leandro Gómez (1811-1865). Caudillo libertario del Partido Blanco. Reconocido como masón. Se enfrentó al Imperio del Brasil y a los intereses del Imperio Inglés

Ley de impunidad. Ley promulgada durante la primera presidencia de Sanguinetti, que prohibía los juicios a las violaciones de los derechos humanos cometidas por militares y policías. Denominada oficialmente Ley de caducidad de la pretensión punitiva del Estado.

Luis Alberto Lacalle. Político derechista del Partido Blanco. Presidente en el período 1990-1995. Fue uno de los mayores impulsores del neoliberalismo. Durante su gobierno se produjeron múltiples escándalos.

Movimiento de Participación Popular (MPP). Movimiento integrante del Frente Amplio, creado en 1989 a instancias del MLN-T, el Partido por la Victoria del Pueblo, sectores menores de izquierda y personalidades independientes. Luego se adhirieron otros sectores progresistas que salieron de los Partidos Colorado y Nacional. Desde el año 2005 con el liderazgo de Mujica se transformó en el sector mayoritario del Frente Amplio.

Movimiento 26 de Marzo. Creado por el MLN-T como brazo político legal durante la lucha guerrillera, fue fundador del Frente Amplio. Su dirigente más importante en 1971 era el escritor Mario Benedetti. Antes de la salida de la dictadura, ex militantes tupamaros y del movimiento lo revivieron con una estructura propia desvinculada del MLN-T. Integró el Frente Amplio en este nuevo periodo pero pasó a la oposición durante el gobierno de Tabaré Vázquez. Su máximo órgano de expresión es Radio Centenario.

Movimiento de Liberación Nacional-Tupamaros (MLN-T). Movimiento político social uruguayo que surgió como organización político militar en la década de los 60 predominando como guerrilla urbana y con gran popularidad hasta inicio de los 70. La mayoría de sus militantes fueron presos, muertos, desaparecidos o exiliados durante la dictadura de 1973 a 1985. Recuperada la democracia se reorganizó y en poco tiempo se transformó en uno de los movimientos más populares del Uruguay. José Mujica fue uno de sus dirigentes en la época guerrillera y tras la reorganización al terminar la Dictadura.

Marco Carámbula. Intendente (gobernador) del departamento de Canelones 2006-2010, reelecto en 2010. Reconocido por su gestión. Precandidato presidencial del Frente Amplio en las internas de 2009. Salió tercero detrás de Mujica y Astori.

María Esther Gilio. Reconocida periodista y escritora. Considerada una de las mejores entrevistadoras de América Latina

Murga. Conjunto tradicional del Carnaval uruguayo

Nueva Constitución de Ecuador. Fue elaborada por la Asamblea Constituyente en 2008 y ratificada por votación popular. Es considerada de avanzada en temas ambientales, modelo de desarrollo, política internacional y temas de derechos y garantías sociales, pero conservadora en lo laboral.

Orientales y orientalas. El nombre completo del Uruguay es República Oriental del Uruguay por encontrarse al Oriente del río del mismo nombre. A los habitantes del Uruguay se les conoce como orientales.

Paraninfo de la Universidad de la República. Lugar tradicional e histórico de eventos político-culturales en Montevideo.

Partido Nacional o Blanco. Uno de los dos partido tradicionales del Uruguay. Desde su fundación tuvo un mayor arraigo en el interior del país, sobre todo en zonas rurales.

Partido Colorado. Uno de los dos partidos tradicionales de Uruguay con mayor arraigo desde su fundación en zonas urbanas. Gobernó durante gran parte del Siglo XX. En la actualidad es la tercera fuerza política. muy lejano del Frente Amplio y del Partido Nacional.

Penal de Punta Carretas. Cárcel donde eran recluidos los tupamaros antes del Golpe de Estado. En los últimos años fue convertido en un lujoso Shopping Center.

Penal de Libertad. Cárcel de máxima seguridad construida especialmente para los tupamaros, donde fueron recluidos la mayoría de presos políticos uruguayos durante la Dictadura

Plan Ceibal. Programa gubernamental implementado durante la presidencia de Tabaré Vázquez, mediante el cual cada niño de escuela pública accedió a una computadora laptop.

Raúl Sendic Antonaccio. Líder político, fundador del Movimiento de Liberación Nacional Tupamaros. Fue detenido herido en 1972 y estuvo preso hasta 1985. Fue uno de los rehenes de la dictadura uruguaya, que sería ejecutado si su organización realizaba acciones militares. Fue sometido a aislamiento total durante años y a torturas sistemáticas que le provocaron la enfermedad de Charcot por permanecer meses con el agua hasta la cintura en aljibes. Durante sus últimos años de prisión y los años posteriores a su liberación se dedicó a estudiar la realidad económica mundial desarrollando análisis pioneros para la época. Previno la crisis de la deuda externa desde la cárcel cuando nadie hablaba de esto, las crisis del capitalismo actual, la crisis social del modelo urbano de desarrollo. Es uno de los líderes más queridos de la Izquierda uruguaya.

Suiza de América. Así era denominado Uruguay luego de la segunda guerra por su superávit económico y su desarrollo social, construido antes y durante los años del conflicto. Años después cuando se hizo dependiente de Estados Unidos, el modelo de la denominada Suiza de América fue decayendo, y terminó ya antes de instaurarse la Dictadura.

Wimpi. Reconocido humorista uruguayo.

Rehenes. La Dictadura uruguaya declaró a 9 integrantes del MLN-T como rehenes, los separó de los demás detenidos, los tuvo en aislamiento y en permanente tortura en distintos cuarteles. Si el MLN-T realizaba alguna acción serían ejecutados. Los 9 rehenes fueron Raúl Sendic, Julio Marenales, José Mujica, Jorge Zabalza, Henri Engler, Eleuterio Fernández Huidobro, Adolfo

Wasen, Mauricio Rosencof y Jorge Manera Lluveras

SAFI. Sociedades Administradoras de Fondos de Inversión. Entidades financieras que quebraron perjudicando a sus clientes.

Salón de los pasos perdidos. En la Masonería es la antesala del templo donde se celebran los ágapes, luego de las reuniones o tenidas. En Uruguay, la sala de eventos más importante del Palacio Legislativo, se denomina Salón de los Pasos Perdidos, decorado con simbología masónica. Allí se han realizado trascendentes eventos de la política uruguaya.

Salto. Departamento del noroeste del Uruguay, limítrofe con Argentina a través del río Uruguay.

Saul Feldman. Denunciado como traficante de armas, murió al enfrentarse con la policía durante la campaña electoral que llevó a Mujica a la Presidencia. El hecho fue utilizado por los sectores de derecha para ensuciar la campaña, intentando vincularlo con la guerrilla tupamara en otros tiempos, para perjudicar a Mujica. Todo se desmoronó en pocos días porque había estado vinculado a sectores de derecha.

Teatro Solís. Tradicional teatro de Montevideo.

9 789942 112897